Akal
Educación

7

Directores de la colección:
Enrique Galindo Ferrández y Olga García Fernández

Diseño interior y cubierta: RAG

Motivo de cubierta: Miguel Brieva

© Javier Mestre y Carlos Fernández Liria, 2024

© Ediciones Akal, S. A., 2024
Sector Foresta, 1
28760 Tres Cantos
Madrid - España
Tel.: 918 061 996
Fax: 918 044 028
www.akal.com

ISBN: 978-84-460-5523-5
Depósito legal: M-8.873-2024

Impreso en España

Javier Mestre y Carlos Fernández Liria

Escuela y libertad
Argumentos para defender la enseñanza frente a políticas educativas y discursos pedagógicos demenciales

ARGENTINA / ESPAÑA / MÉXICO

Introducción

Desde la derecha se habla mucho de la libertad de enseñanza, y también, en otro sentido, desde la izquierda. Lo que suele pasarse por alto es que la escuela es por sí misma una conquista de la libertad y que, por eso, lo fundamental es protegerla, reforzarla y conservarla. Se trata de algo muy elemental: la escuela, frente a todas las ocurrencias educativas y frente a muchos de los discursos pedagógicos demenciales en boga tiene, antes que nada, que seguir siendo una escuela, y en concreto, una escuela pública. En este libro nos hemos propuesto explicar por qué.

Por lo general, hemos actuado según la norma académica vigente en lo que respecta a los plurales que incluyen seres de los dos géneros gramaticales, es decir, hemos utilizado el masculino como género no marcado. Sin embargo, siempre que la intención de no ser farragosos en el uso del lenguaje escrito nos lo ha permitido hemos añadido el género femenino al plural para dar mayor idea de inclusión.

El libro incorpora, igualmente, unos cuadros explicativos al final de cada apartado que funcionan como resúmenes de las ideas trabajadas en él.

1. ¿En qué consiste una posición progresista en materia educativa?

El pedagogo sueco Jonas Linderoth, según informa El Confidencial[1], se quedó sin amigos cuando osó criticar la reforma educativa *progresista* en su país en su artículo publicado en 2016 en *Dagens Nyheter*, el principal periódico de Suecia, «Pido disculpas por las ideas educativas de los noventa». Este pedagogo, durante su juventud, fue un ardiente defensor de los métodos pedagógicos que hoy nos presentan en España los reformadores, supuestamente progresistas, que quieren cambiar drásticamente el papel del profesor en el aula. En el artículo de marras dice estar muy avergonzado, pide disculpas a los profesores por el mensaje «simplista y populista» con el que llegó a defender sus posiciones en algún acto público (por ejemplo, diciendo que aprendió inglés más por su interés en la música que a través de la escuela y poniendo «The wall», de Pink Floyd, en la que unos niños entonan eso de *«we don't need no education»*) y corrige los principales puntos de vista que entonces sostuvo. Entre otras cosas, afirma que la investigación del fracaso de la reforma educativa sueca muestra que los métodos basados en la autorregulación de los estudiantes dan mucho peor resultado que los que se basan en un profesor con una responsabilidad mucho más activa. Linderoth llega a la conclusión de que tiene que agradecer a sus profesores de secundaria que él mismo pudiera ir a la universidad. Y resalta que «los profesores instructivos, narrativos y demostrativos eran, por tanto, un requisito indispensable para que

---

[1] Héctor García Barnés, «El profesor que casi acaba con su carrera por criticar la educación sueca: "Que España no nos imite"», *El Confidencial*, 29/03/2023 [https://www.elconfidencial.com/mundo/europa/2023-03-29/entrevista-jonas-linderoth-profesor-critica-educacion-sueca_3601298/].

yo pudiera difundir mi mensaje antienseñanza». Sus argumentos fueron inmediatamente adoptados por la derecha… hasta que dejó bien claro que también estaba en contra del sistema de escuelas privadas concertadas impuesto en Suecia por los liberal-conservadores, que explica en buena medida la estrepitosa decadencia de los resultados PISA y TIMSS de los estudiantes suecos durante no pocos años. Linderoth sufrió un episodio pionero de la llamada «cultura de la cancelación» y perdió muchas de sus relaciones sociales. Nosotros, por el contrario, pensamos que este libro tendrá una buena acogida entre los profesores, que en España ya están suficientemente advertidos, escarmentados y hartos de tanta insensatez.

Jonas Linderoth quiso pensar por su cuenta en un campo de juego amañado. Le costó muy caro salirse del marco sesgado que asocia el progresismo con la idolatría de la *innovación educativa*. Curiosamente, en la entrevista citada, firmada por Héctor García Barnés y publicada en *El Confidencial*, el *polémico* (pobrecito mío, si es imposible ser más suave y educado) pedagogo llega a sostener que las ideas reformistas de los noventa utilizaron el marco de la pedagogía con el secreto fin de reducir el gasto educativo, fueron «un ejemplo de cómo una agenda económica se disfrazó de pedagogía». Y nos advierte a los españoles cuando dice que «hay que tener mucho cuidado cuando los políticos se ponen a hablar de pedagogía, porque puede haber una agenda oculta debajo».

Esta advertencia del profesor sueco no cae en saco roto. Coincide exactamente con lo que sucedió en nuestro país con el llamado Plan Bolonia y la reforma de la universidad para hacerla encajar en el espacio académico común europeo[2]. O, por lo menos, así lo hicieron ver los estudiantes que protagonizaron una fuerte resistencia a un proceso que devaluó drásticamente las titulaciones universitarias básicas, los grados, que son las que se financian con el sistema estatal de becas, y multiplicó la importancia de los estudios de posgrado, los másteres, mucho más caros y mucho

---

[2] Cfr. Carlos Fernández Liria y Clara Serrano García, *El Plan Bolonia*, Madrid, La Catarata, 2007.

más escasos en materia de ayudas públicas a los estudiantes desfavorecidos. La reforma universitaria trajo consigo un importante encarecimiento de las matrículas, así como la penetración profunda de intereses empresariales privados en la institución académica y la creciente precarización del personal docente. Todo este proceso de avance hacia un modelo universitario que mira a EEUU y el mundo anglosajón, con sus préstamos bancarios a los estudiantes para costearse los estudios a costa de una hipoteca para el resto de su vida, se vistió con los ropajes sedosos y relucientes que prepararon algunos pedagogos. Se repitió hasta la saciedad que se trataba de *modernizar* las enseñanzas, de innovar metodológicamente, de superar los exámenes y potenciar el trabajo en equipo y cosas por el estilo. En realidad, la agenda oculta iba por derroteros muy distintos, muy *ultraliberales.*

¿Cabe pensar hoy que la última (y enésima) reforma de la educación preuniversitaria, impuesta esta vez por el PSOE, es de verdad una reforma *progresista*? ¿En qué parámetros se ha de situar una posición progresista –*de izquierda*, si se quiere– cuando hablamos de educación? La aplicación apresurada y forzada de la LOMLOE en España encaja bastante bien en la advertencia de Linderoth y la experiencia previa del Plan Bolonia. La nueva ley eleva a los altares un popurrí pedagógico que aúna elementos centrales de las llamadas *pedagogías alternativas* con la tendencia patrocinada por multimillonarios estadounidenses conocida como «Diseño Universal de Aprendizaje» (DUA) y el creciente consenso empresarial –proveniente de la neoliberal y economicista OCDE– sobre el desplazamiento de la centralidad de los conocimientos para fijarnos, mejor, en las *competencias*. Todo esto convenientemente aderezado de retórica sobre el papel fundamental de la escuela para la reducción de las desigualdades. El resultado es una escuela *más barata* para las administraciones públicas a costa de una muy previsible degradación de los títulos básicos por el incremento de las facilidades para su obtención y la disminución de los niveles de exigencia y conocimientos. Hay que recordar que en ningún momento esta reforma afronta la posibilidad de reducir las *ratios* o incrementar el gasto, al tiempo que sobrecarga a los profesores con trabajos burocráticos absurdos y casi infinitos, en buena parte disuasores de esa extraña y tozuda tendencia de los docentes a suspender a quienes no alcanzan a saber lo mínimo exigible. Por si fuera poco, conserva casi intocado el sistema de doble red, pública y privada concertada, para las enseñanzas financiadas por el estado.

Teniendo en cuenta que algunos de los mimbres del catecismo pedagógico que sustenta la LOMLOE ya aparecían en la anterior reforma, la de la catastrófica Ley orgánica para la mejora de la calidad educativa (LOMCE, de 2013) del PP, lo mismo que la idolatría de la innovación y las tecnologías de la información y la comunicación (TIC) o la aspiración a una educación *por competencias*, ¿realmente tenemos que creernos que las diferencias políticas entre la derecha (PP) y la *izquierda* (PSOE) en la educación son, ante todo, *pedagógicas*? No hace mucho, un inspector de Educación de Castilla León le decía a un grupo de profesores disconformes con la LOMLOE que «os tenéis que ir acostumbrando a todo esto; es una reforma que viene para quedarse, y lo fundamental no va a depender de quién gane las próximas elecciones». Si miramos con atención el absurdo proceso histórico de reformas educativas sucesivas sufridas por el sistema español desde la LOGSE, de 1990, la conclusión es que se ha consolidado un *meollo* de consenso entre PP y PSOE, que gritan mucho de cara a la galería pero poco a poco avanzan en el proceso de progresiva privatización y empobrecimiento del sistema de educación pública. Mientras se tiraban los trastos a la cabeza a cuenta de la religión o determinados aspectos del currículo relacionados con los valores cívicos y morales o la memoria histórica, la Ley Orgánica de Educación (LOE) de José Luis Rodríguez Zapatero se tragó con patatas la ampliación de los conciertos con la privada para las etapas no obligatorias de la anterior Ley Orgánica de Calidad de la Educación (LOCE) patrocinada por el gobierno de José María Aznar. El incremento de la participación de lo privado en el pastel del dinero público de la enseñanza no ha hecho más que crecer, en contra de lo que pretendía la Ley Orgánica reguladora del Derecho a la Educación (LODE) del PSOE de 1985, que planteaba la necesidad de fortalecer el sistema público de enseñanza heredado en un estado que dejaba mucho que desear y limitaba parcialmente las condiciones de financiación y funcionamiento de la escuela privada concertada, con la idea implícita de la subsidiariedad de la privada frente a la pública, si bien aceptando y *naturalizando* el sistema mixto proveniente del franquismo y que la constitución de 1978 parecía respaldar en su artículo 27.

El problema profundo es que el nuevo consenso supuestamente *progresista* quiere barrer el consenso de fondo fuertemente arraigado en la inmensa mayoría de los docentes y familias de este país, el cual ha resistido incólume los embates de las sucesivas leyes. Es cierto que la derecha se lo ponía un poco más fácil porque centraban fundamentalmente su atención en el adoctrinamiento religioso y el aumento del presupuesto para la privada, pero esto se acabó. Ya han desembarcado *las competencias* y se ha desencadenado un ataque general y sin cuartel. Hasta ahora, el profesorado ha tenido clara cuál es su función y esto se ha visto respaldado por un sentido común que apenas dejaba resquicio a las dudas. Los docentes enseñan y evalúan los aprendizajes, eso es todo. Unos lo harán mejor y otros peor, pero la cuestión en la que todos estamos de acuerdo es en que hay que enseñar unos contenidos, organizados por niveles más o menos correspondientes a las diferentes edades, de las distintas materias a todos los niños y adolescentes. Siguiendo lo que ampara el artículo 20 de la constitución, se respeta en general que *cada maestrillo tiene su librillo*, siempre que, por supuesto, *enseñe* lo que quiera que le toque enseñar. Y en el caso de que el alumno no demuestre que sabe lo suficiente, suspende. Ante una evidencia tan sencilla y poderosa, el discurso pedagógico de la LOGSE y las sucesivas leyes resultó inane. La ley iba por un lado y la práctica cotidiana era el campo de resistencia de la concepción generalizada. Pero, ahora, parece que está de verdad en peligro ese arraigado modo de entender la enseñanza. Se está disparando mucho en su contra, y conviene ver por dónde van los tiros. Por ejemplo: la Fundación La Caixa, en el video principal de la campaña «El mundo del mañana depende de la educación de hoy»[3], llegó a difundir la

---

[3] [https://www.youtube.com/watch?v=ZHD8erwe_fs&t=36s].

idea de que los niños y adolescentes «ahora hacen proyectos y por el camino han aprendido sin casi darse ni cuenta» en un entorno de padres y madres entusiasmados por el supuesto nuevo modo de plantear la enseñanza que, implícitamente, trae consigo la última reforma. En esta pieza memorable, prometen un sistema educativo que abre las puertas «al no fracaso» de unos chicos y chicas encantados con sus innovadores *profes*. Con toda naturalidad nos hacen ver como una barbaridad de otro tiempo eso de aprender conocimientos y demostrarlo en los exámenes. Válgame Dios, qué salvajada a la que nos tenían acostumbrados, parece decir una mujer con pinta de madre modelo de la clase media española *progresista*.

La LOMLOE se plantea como expresión imperativa de una fantasía pedagógica cuya imposición puede acabar quebrando por completo nuestras nociones sobre lo que es y ha de ser la escuela. En este libro vamos a intentar explicar que esos sueños húmedos de la pedagogía de los que se sirve el poder (que no es exactamente el del PSOE o el PP sino más bien el de Caixabank, la verdad) nada tienen que ver con ser *progresista* en materia de educación. Es más, entendemos que son parte de una agenda muy peligrosa que nos lleva a un grave retroceso en la conquista de la generalización del conocimiento ilustrado que supuso la consolidación en nuestro país, en las últimas décadas del siglo xx, del sistema público de enseñanza. Y vamos a tratar de dibujar los cimientos de un proyecto para el sistema de enseñanza cuyos pilares han de ser, creemos, la necesidad de un sistema público estatal al cien por ciento y el consenso de que la escuela tiene como objeto *enseñar*, es decir, que cualquier ciudadano menor de edad pueda tener acceso e instruirse en los tesoros del conocimiento ilustrado.

Todas las reformas en la enseñanza que se han presentado como «reformas pedagógicas» supuestamente progresistas han tenido una agenda oculta que escondía una reconversión económica en la que la enseñanza pública tenía mucho que perder. La complicidad de los pedagogos en esta macroestafa ha sido probablemente inconsciente e involuntaria, pero muy eficaz. Han prestado una retórica de tintes progresistas para lo que era una agresión contra la enseñanza pública, que al tiempo que se ha ido degradando se ha ido cargando con un lastre burocrático que en la última reforma, la LOMLOE, raya ya en el delirio. Todo menos abordar los verdaderos problemas, como las ratios o la existencia misma de la escuela concertada. Los tintes progresistas han encubierto un consenso fatal entre el PSOE y el PP que está sentando incluso una ofensiva salvaje contra el sentido común que nos dice que los profesores enseñan y los alumnos aprenden. La tarea de la izquierda debería ser, en cambio, la reivindicación de la escuela pública que heredamos del impulso político de la Ilustración, una escuela que ha resistido durante siglos como una de las más bellas conquistas que las clases trabajadoras han aportado a la humanidad.

2. La función social de la escuela
¿Qué revolución? La escuela y la libertad

La primera confusión que ha de deshacer un planteamiento *progresista* de lo que debe ser la enseñanza tiene que ver con la función social de la escuela. Cada vez que alguien choca con un problema estructural de nuestra desgraciada sociedad, ante la impotencia que hace sentir que este es irresoluble *sin poner el mundo patas arriba*, afectados, expertos o periodistas tienen un recurso fácil, tranquilizador... y generalmente poco útil: la educación. Por ejemplo: todos los años mueren en España en torno a mil personas por accidentes de tráfico (unas tres al día), y son tres veces más las heridas gravemente. Si a esto añadimos las decenas de miles de muertes prematuras por la contaminación del aire y la importante contribución de los automóviles a las emisiones de gases de efecto invernadero, no tenemos otro remedio que reconocer que el uso del vehículo privado es un gravísimo problema de nuestra sociedad. Sin embargo, a nadie escapa que son centenares de miles los puestos de trabajo directa o indirectamente dependientes de la industria del automóvil, cuya abolición implicaría una drástica caída del PIB y una catástrofe económica para el país. Los accidentes de tráfico son, por tanto, un problema irresoluble. ¿Cuál es la *solución*, entonces? ¡La educación vial! Así que se llevan a la escuela diversos programas formativos para que niños y niñas aprendan a ser prudentes conduciendo y tomen conciencia de lo peligroso que es vivir como vivimos.

La escuela se convierte, así, en la institución que acumula, una tras otra, las impotencias ciudadanas ante los problemas estructurales de la sociedad. Lo que no se puede resolver *políticamente* es cosa de educación.

También hay que reconocer que, en el capitalismo, la escuela pública funciona como parte del derecho conquistado a que los niños y niñas no tengan que vender su fuerza de trabajo en el mercado, al tiempo que las mujeres se han ido incorporando de manera creciente al mundo laboral. Esto dota de pronto a la escuela de una utilidad específica: es un estupendo almacén de criaturas mientras los progenitores trabajan. Y lleva consigo tentaciones que ponen muy difíciles las cosas a los docentes. Con frecuencia, madres y padres se resisten a que sus descendientes medren en un mundo que no controlan y querrían ver ese espacio de guardería como una prolongación de su espacio familiar. Y siempre hay una tentación política populista de prometer prolongar el tiempo de escolarización para que *mamás* y *papás* puedan prolongar su tiempo de trabajo. Claro, como es tiempo *de crianza*, a la escuela le acaba tocando enseñar a comer, pastorear a los críos mientras juegan libremente durante horas u organizar toda suerte de actividades extraescolares para su entretenimiento. Muchos niños y niñas pasan cada día laborable más tiempo despiertos en la escuela que en sus hogares, de modo que la institución tiene que multiplicar sus servicios y convertirse en una especie de prolongación de la familia, o por lo menos de sus funciones.

> La gran jugada es hacer cargar a la escuela con la responsabilidad de todos los problemas que la sociedad es incapaz de resolver. Es patético que la izquierda haya caído en una trampa tan burda.

La función específica de la escuela

Atreverse a definir con claridad cuál es la función de la escuela es importante para construir una política educativa progresista. Hay que ir al grano. La escuela es el lugar de la sociedad donde *se enseña* a los niños y las niñas, donde se les instruye en las disciplinas de la razón. Esto es algo antiquísimo que casi cualquiera entiende. Lo que ha cambiado radicalmente durante el último siglo es a qué niños se les podía enseñar: de ser un conjunto de instituciones elitistas que alcanzaban a un sector muy minoritario de la sociedad, ha pasado a constituirse como un sistema educativo universal y obligatorio hasta la edad de 16 años. *Enseñanza*, esa es la palabra clave. Lo que justifica y da sentido a la escuela es el acceso al conocimiento, con lo que ello acarrea de *instrucción* intelectual básica. Hay que aprender a leer, a calcular, a analizar, a pensar, así como un amplio grupo de conocimientos esenciales del conjunto de las ciencias modernas, de las disciplinas más antiguas y de las artes. Se trata de formar personas que se desenvuelvan con seguridad y capacidad en el mundo moderno, con el saber que esto implica.

Es muy importante entender que conseguir *instruir* a los niños, niñas y adolescentes, hoy por hoy, es una función de enjundia. Tomarla lo suficientemente en serio implica dejar en segundo plano una retahíla de supuestos propósitos que, con tanta generosidad, se le atribuyen a la escuela pública. A menos que lo que hagamos sea precisamente lo contrario: dejar la instrucción pública en un segundo plano y concentrarnos en cosas como guarderías de críos y jóvenes o en su *educación* vial, financiera, etcétera, y en su supuesta felicidad. ¿Academia o ludoteca? ¿Asignaturas o vivencias? ¿Capacitar intelectualmente o tratar de meter a los niños y las niñas en determinados moldes políticos o morales? ¿Instruir o entretener? Sin duda, hablamos de un proceso a la vez emocionante y arduo, lleno de esfuerzo, para el que unos niños están mejor dotados que otros. Pero hablamos con la íntima convicción de que está al alcance de cualquiera[1].

---

[1] Obviamente, siempre hay niños y jóvenes que, por las razones que sea, no tienen unas capacidades intelectuales suficientes para completar esa instrucción en las mismas condiciones que *cualquiera*. En estos casos, como veremos más adelante, trataremos siempre de llegar todo lo lejos que podamos en el proceso y deberemos garantizar una atención adecuada, específica, porque estos alumnos y alumnas no podrán situarse en el mismo lugar intelectual al que vamos a intentar llevar a todo el resto de sus compañeros. Hasta ahora, así lo han contemplado las leyes con el concepto de *adaptación curricular significativa*, que es verdaderamente un acierto al que no deberíamos renunciar con el absurdo proceso de *individualización de la enseñanza* que, a través del Diseño Universal de los Aprendizajes (DUA), la nueva ley pretende implementar a costa del sentido ancestral del trabajo en el aula.

La escuela pública no debe ser un cajón de sastre para todos los descosidos de esta sociedad, ni una prolongación de las labores educativas que corresponden a las familias, ni una guardería donde haya que mantener felices a las criaturas mientras mamá y papá trabajan. Es, básicamente, el derecho de niños, niñas y adolescentes a acceder al mundo intelectual ilustrado y convertirse, así, en ciudadanos libres precisamente porque son ciudadanos instruidos. La escuela obligatoria y universal es una condición necesaria para la libertad en una sociedad democrática. Se trata de garantizar que cualquiera ha de poder acceder al conocimiento ilustrado, con independencia de lo que determinen su familia, su clase social, su cultura o su religión.

> La escuela no es una guardería para educar a los niños y niñas hasta la adolescencia, sino un lugar de enseñanza e instrucción, lo que es un derecho de todas y todos.

OBLIGATORIEDAD

Esta concepción de la enseñanza pública tiene muchas consecuencias de importancia. En primer lugar, hace necesaria la obligatoriedad, concepto sobre el que a veces parece que no se medita lo suficiente. Obviamente, si le das a elegir a un crío de ocho años si ir o no ir a la escuela es muy probable que a menudo prefiera quedarse jugando o durmiendo en casa. Un niño o niña de ocho años no suele ser muy consciente de sus derechos y de lo que estos implican. Poder llegar a ser un adulto libre y capaz muchas veces implica obligar al niño a hacer cosas que no desea hacer en ese momento. La sociedad en su conjunto ha decidido qué es lo mejor para cualquier menor, incluso por encima de su voluntad o la de sus padres. Y si extendemos esta elección a todos los momentos del proceso de enseñanza-aprendizaje, resultará que habrá que doblegar con frecuencia los deseos y la voluntad expresa de niños y niñas y obligarlos a que hagan cosas como estudiar, escribir o leer comprensivamente, calcular o resolver problemas...

por mucho que no les apetezca o se enfaden. En este sentido, la formación escolar no es un camino de rosas. Muchos maestros y maestras han desarrollado habilidades y estrategias para hacer más llevadero el esfuerzo o imponerlo de buen grado y con naturalidad, pero siempre habrá un sesgo *antinatural* en las tareas obligatorias de la formación escolar. La neurocientífica Maryanne Wolf afirma en su libro *Lector vuelve a casa*[2] que la educación escolar tiene como una de sus principales misiones la formación de lo que llama «grandes lectores» y, al mismo tiempo, sostiene que «leer no es algo natural ni innato, sino un invento cultural antinatural con apenas seis mil años de vida». La cultura letrada, esa a la que accedemos con esfuerzo y concentración en procesos que con frecuencia contradicen las tendencias *naturales* de los niños y niñas, es un mundo artificial y delicado, prácticamente inabarcable de grande y complejo que es, y desenvolverse en él con fluidez implica un proceso formativo muy exigente.

La obligatoriedad de la enseñanza es, por tanto, una salvaguarda frente a las intenciones de madres y padres o la falta de *motivación* que pueda exhibir el alumno o alumna. Y muestra que detrás hay un programa político, el de la Ilustración, que pretende crear una república democrática de ciudadanos y ciudadanas *mayores de edad*. Es una conquista popular que no puede verse ofuscada por las intromisiones de la economía, determinados intereses privados (como la Iglesia católica, por ejemplo), los políticos o las familias. Formar ciudadanos que *saben* lo suficiente como para entrar en el universo intelectual de las ciencias y las letras y, por tanto, con capacidad para desenvolverse con conciencia y libertad en un mundo tan complejo como el actual, es lo que tradicionalmente se conocía como *instrucción pública;* se entiende que estamos hablando de saberes, de contenidos, de asignaturas, de estudio.

> La instrucción pública es obligatoria y, por lo tanto, tiende a chocar con los impulsos espontáneos de los alumnos y, muchas veces, con la opinión de las madres, los padres y las familias.

---

[2] Maryanne Wolf, *Lector vuelve a casa*, Barcelona, Deusto, 2020.

La generalización del conocimiento ilustrado es un objetivo muy ambicioso que ha de guiar en todo momento la *política educativa*. Solo esto, que estamos lejos de conseguir con los medios actuales, es un programa de intervención social que ha transformado y transforma profundamente la realidad humana. Hay que tener mucho cuidado cuando se satura a la institución escolar de objetivos como la transformación social o la que llaman *formación integral del ser humano*. Son palabras bonitas que, en el mejor de los casos, están huecas, o, en el peor, trasladan el centro de gravedad de la actividad docente a campos que traicionan el bien principal para el que se ha de concebir la enseñanza pública.

En primer lugar, no podemos confundir un programa de política educativa de izquierda con el propósito de que la escuela sea algo así como la antesala de la revolución social. La función de la escuela no es producir revolucionarios. La escuela ni siquiera es o ha de ser de izquierda. No puede sustituir las políticas sociales o económicas para compensar o reducir la desigualdad. Apenas puede, tampoco, cambiar las cosas en el interior de las casas de la gente o el comportamiento público de mujeres y hombres. Cambia a las personas en un sentido muy definido: proporciona conocimientos, capacidades de orden intelectual. Y eso, ya de por sí, supone una intervención social importante… pero para nada suficiente a la hora de que las alternativas progresistas ganen las elecciones o que la sociedad progrese hacia un sistema más justo o respetuoso con el medioambiente. El trabajo de las fuerzas progresistas para la transformación social se tiene que desarrollar en muchos ámbitos *fuera de la escuela*. En cualquier caso, cualquier organización de izquierda, progresista, tiene que apoyar la escuela pública como condición previa para que el trabajo político en la sociedad pueda construirse a partir del diálogo y el razonamiento; cuanto mejor haga su trabajo el sistema de enseñanza, más opciones habrá de convencer en el espacio público con argumentos racionales a la ciudadanía y mayor capacidad tendrán las personas para organizarse y pelear por sus derechos y por un mundo mejor. Pero no podemos esperar que niños, niñas y adolescentes se gradúen con el puño en alto.

En segundo lugar, la escuela no es lugar para *coaching* o para terapias psicológicas varias. Es evidente que hay que trabajar con la psicología de los alumnos y alumnas, pero como esfuerzo previo necesario para poder enseñar[3]. La convivencia en el centro escolar ha de ser respetuosa, garantista, basada en los valores democráticos, la declaración universal de los derechos humanos, o la de los derechos de la infancia. Y es algo que se ha de trabajar concienzudamente en el aula y en el centro como conjunto. Pero no podemos aspirar a algo así como *moldear* seres humanos. Lo mejor, en realidad, es enemigo de lo bueno: nos hemos de dar con un canto en los dientes con que chicos y chicas *aprendan algo* de matemáticas, historia o biología, por ejemplo. Que los chavales se vuelvan cívicos o ecologistas, es un decir, depende y ha de depender de ellos mismos, y cuanto más sepan, mayor será su responsabilidad al respecto. El objetivo del enseñante ha de ser siempre enseñar, transmitir un bagaje intelectual lo mayor posible; lo que hagan con él los ciudadanos y ciudadanas es parte de la libertad que el sistema de enseñanza les ayuda a conquistar. La educación *integral,* en cualquier caso, es un proceso muy complejo en el que intervienen instancias muy variadas que van desde las familias a los medios de comunicación, las redes sociales o los grupos de amigos... No es justo ni realista atribuir la responsabilidad del proceso educativo en su conjunto al sistema de enseñanza, cuya capacidad efectiva de intervención es muy pequeña. No podemos pedir a los docentes que sean a la vez psicólogos, trabajadores sociales, madres o padres supletorios, guardias de seguridad y colegas de los alumnos. Si apenas consiguen enseñar, qué maravilla.

> La izquierda debe defender la escuela pública, no que la escuela sea de izquierdas. El centro de gravedad de la escuela es la enseñanza de conocimientos. La escuela no es un gimnasio para la transformación social o la terapia psicológica.

---

[3] [https://rebelion.org/educar-para-poder-ensenar/].

Por otro lado, la universalidad y obligatoriedad de la enseñanza básica convierten a la escuela pública en un territorio poblado por gentes muy diversas. En ella se expresan muchas de las diferencias de clase que atraviesan la sociedad, algunas verdaderamente trágicas. En una institución radicalmente igualitaria la desigualdad es conflictiva. El problema es que normas y contenidos universales, iguales para todos, acarrean consecuencias muy dispares dependiendo de la situación social de cada individuo; la marginación y la pobreza dificultan mucho la adaptación al marco intelectual y normativo de la institución escolar. Vamos, que con tantísima desigualdad no hay, para nada, igualdad de oportunidades en el medio académico. ¿Qué implica esto para la escuela? Una parte muy considerable de la pedagogía que se dice *progresista* o *de izquierdas* acusa a la escuela de ser, en última instancia, lo que Althusser denominó un «aparato ideológico del Estado», algo así como una institución consagrada a disciplinar a los menores y reproducir a toda costa el orden vigente[4]. Como prolongación actual de esa visión, ven en la *meritocracia* escolar una terrible complicidad con la desigualdad social. «Las notas marginan», vienen a decir, y proponen abolirlas, junto con todo lo que pone cuesta arriba la experiencia escolar a las personas que sufren más directamente las consecuencias de la injusticia social.

Este tipo de planteamientos se parecen a los que han estado mucho tiempo de moda en determinados círculos de la izquierda en lo tocante al Derecho. Se venía a decir, muy simplificadamente, algo así: por mucho que se pregone la igualdad de los ciudadanos ante el sistema judicial, hay muy serias diferencias de trato y funcionamiento dependiendo de la clase social de las partes; conclusión: abolamos el sistema judicial, sustituyámoslo por qué sé yo qué, *tribunales populares* o cualquier otra antesala de las peo-

---

[4] Asunto ampliamente desarrollado en el capítulo 2 del libro *Escuela o Barbarie. Entre el neoliberalismo salvaje y el delirio de la izquierda*, Madrid, Akal, 2017. Hay una nueva edición revisada de 2023.

res pesadillas desatadas en algunos de los intentos revolucionarios del siglo xx. Foucault, en este terreno, llegó a rizar el rizo llegando a proponer terminar con la distinción «inocente» / «culpable». No le bastaba con los «tribunales populares» del maoísmo, él quería «superar la forma tribunal». Si lo pensamos un poquito más a fondo, no es difícil darse cuenta de que el problema no es el Derecho sino la injusticia en la sociedad en la que el Derecho se despliega y sus secuelas de corrupción y prevaricación en el sistema judicial. Lo que hay que combatir precisamente es la desigualdad, y la falta de objetividad de determinados jueces y fiscales que resulta de ella. El Derecho siempre será, cuanto menos, una posibilidad de plantar cara para el más débil, y debemos suponer que, si funciona medianamente bien, ha de ser un factor que introduzca justicia donde, de otra forma, solo existiría la ley del más fuerte.

Rancière, el antiguo colaborador de Althusser, tuvo una ocurrencia semejante a finales de los ochenta, esta vez atinente a la escuela: acabar con la distinción entre ignorancia y saber, y superar la forma «escuela» para sustituirla por algo así como una «obra de arte» en la que los «alumnos» pudieran investigar y aprender por sí mismos[5]. Este tipo de pintorescas bobadas que la izquierda defendía hace treinta o cuarenta años vienen ahora como anillo al dedo para el salvajismo neoliberal y sus planes de demolición de la escuela pública (ya veremos luego el significado del famoso DUA, ahora tan vigente).

Lo que nos llama la atención es la adopción de este tipo de discurso, en materia de política educativa, hasta el punto de que conforma uno de los pilares de la transformación de la docencia que patrocina la LOMLOE. Se ha emprendido una auténtica cruzada contra los suspensos y, en general, contra las notas tal como las hemos venido concibiendo siempre. Y las consecuencias que puede llegar a tener este movimiento tan *revolucionario* son inquietantes. ¿Cuál es la agenda política que justifica semejante intento? Tratándose del Partido Socialista Obrero Español

---

[5] Jacques Rancière, *Le Maître ignorant*, París, Editorial Fayard, 1987 [ed. cast.: *El maestro ignorante*, Barcelona, Laertes, 2010].

(PSOE), no queda otro remedio que tratar de ver un *subtexto* que justifique políticamente esa radicalidad. Se nos ocurren algunas ideas muy simples, aunque no podemos estar muy seguros de casi nada. Por ejemplo, la mejora de las estadísticas, la reducción *bruta* del fracaso escolar. O cosas más feas: en un sistema claramente dual, con creciente protagonismo de la privada concertada, dar el salto a la definitiva subsidiariedad de la red estatal, especializada en contener a los alumnos más complicados, frente a una privada subvencionada que se consolide como refugio de las clases medias (y los contenidos).

Las secuelas brutales de la desigualdad social en el sistema educativo no se combaten anulando el consenso básico del que hablábamos antes, especialmente en la parte de la evaluación de los conocimientos adquiridos. La escuela pública ha de seguir siendo una estructura que *enseña* y, además, *exige*. No podemos romper esta ley milenaria porque quebraremos el último bastión del paradigma letrado en una sociedad que avanza con rapidez en su abolición. Y nada resultará más perjudicial para las clases populares que tal retroceso, porque la vuelta, vía medios electrónicos, a una oralidad antropológicamente primitiva irá, sin duda, acompañada de formas políticas alejadas del estado de derecho en democracia, más injustas, autoritarias y represivas, sustentadas en delirios identitarios o cosas por el estilo. Una sociedad *culta* tiene muchas más papeletas para progresar hacia la justicia y la democracia que una sociedad crecientemente entregada a toda índole de irracionalismos. En estos tiempos en los que cada vez más instancias poderosas de la sociedad se decantan por el apoyo a la extrema derecha antidemocrática, debilitar la transmisión de conocimientos en el sistema de enseñanza en nombre de la igualdad de oportunidades es, para la clase obrera, como dispararse en los pies.

En cualquier caso, está claro que la enseñanza pública sigue funcionando como ascensor social para muchos chicos y chicas hijos de trabajadores; pero solo como resultado de una formación efectiva mediada habitualmente por un esfuerzo sobresaliente de niños, niñas, adolescentes y jóvenes. La escuela *enseña* y eso produce algunos efectos notorios sobre la desigualdad social. Cosa muy distinta es entender la escuela como una especie de agente igualador que equipara a la baja las condiciones para los estudiantes tomando como vara de medir lo que aparentemente demandan los sectores más empobrecidos y marginados de la sociedad. La cuestión no es adaptar los contenidos académicos a las carencias de los sectores excluidos sino, más bien, trabajar desde la política para revertir las condiciones económicas y sociales que tienen como consecuencia la pobreza y la marginación y, con ellas, las dificultades para el trabajo escolar. Por supuesto que habrá que apoyar el esfuerzo de los menores para superar las limitaciones que su situación sociofamiliar impone, pero no a cuenta de reducir, en general, la carga académica de la escuela. Habrá que dotar a los estudiantes de espacios y ayudas profesionales para poder estudiar, y habrá que consolidar políticas sociales que ayuden a niños, niñas y adolescentes y sus familias a salir de la pobreza. La renta básica universal e incondicional, por ejemplo, sería una medida de extraordinario valor para reducir la desigualdad de acceso al conocimiento porque reduciría enormemente la desigualdad social en general[6]. Tampoco están de más los programas de educación compensatoria o el apoyo extraordinario a los centros ubicados en zonas especialmente complicadas, incluyendo en ellos medidas de flexibilización curricular para trabajar con un alumnado con grandes carencias generalizadas que hacen muy difícil la actividad escolar. Pero no como regla general sino como excepcionalidad localizada geográfica o socialmente.

Un ejemplo para ilustrar todo esto: entre octubre y noviembre de 2022 se pudo ver en la sala Francisco Nieva del teatro Valle-Inclán, una de las sedes del Centro Dramático Nacional en Madrid, la obra de teatro *400 días sin luz*, que relata el proceso de toma de conciencia y lucha de los vecinos y vecinas de la Cañada Real de Madrid ante una situación de máxima exclusión como es la privación de suministro eléctrico[7]. Todo lo que suce-

---

[6] [https://eduso.net/res/revista/32/miscelanea/la-renta-basica-como-instrumento-de-lucha-por-la-justicia-social-implicaciones-para-el-mundo-de-la-educacion].

[7] [https://dramatico.mcu.es/la-lucha-de-canada-real-llega-al-centro-dramatico-nacional-con-400-dias-sin-luz/].

de en escena es una fiel trasposición dramática de un conjunto de situaciones perfectamente reales y representativas. Uno de los personajes principales de la obra es Wafa, una chica muy luchadora que quiere ser médica y se ve obligada a terminar segundo de bachillerato en unas condiciones lamentables que le impiden estudiar como debiera para obtener las notas que le hacen falta en su expediente y en la EVAU. Clama al cielo que se vulneren de forma tan flagrante sus derechos básicos. Pero, obviamente, a la joven no se le ocurre en ningún momento responsabilizar de su situación a su instituto sino a las autoridades que conspiran para hacerles la vida imposible a los vecinos de la Cañada Real. Su solución no es cambiar el bachillerato para que sea accesible a una chica que carece de suministro eléctrico en su casa; su solución es que la Comunidad de Madrid ponga coto de una vez a esa tortura.

> La escuela debe hacer posible que el conocimiento sea un factor importante para el ascenso social. Pero no se puede exigir que haga milagros, ahí donde la responsabilidad es política y económica. Debe prestar atención a la desigualdad y ayudar a denunciarla, pero no rebajando su nivel o distorsionando su función principal, que es la instrucción.

EN BUSCA DEL CONSENSO SOCIAL

Lo que es una premisa indudable es el lema de la Marea Verde, en los tiempos de las movilizaciones contra la llamada *Ley Wert*, la LOMCE del gobierno de Mariano Rajoy: «Escuela pública, de todos y para todos». El hecho de que sea «de todos» impone necesariamente la búsqueda de un acuerdo de fondo sobre su funcionamiento que garantice su estabilidad y su carácter público. Y el hecho de que sea «para todos» conlleva la necesidad de acordar unos mínimos de enseñanza necesarios para la inmensísima mayoría de los ciudadanos y ciudadanas. Hablamos así de la necesidad de ponerse de acuerdo a partir de verdaderos consensos ciudadanos para poder tener un sistema público de enseñanza a salvo de tanto mareo legislativo y de los embates del recorte y la privatización. ¿Hablamos de una escuela *de izquierdas*? En absoluto. Hablamos de una escuela *pública*, entendiendo esta palabra prácticamente como sinónimo de «estatal», en la que quepa todo el mundo sobre bases en las que *prácticamente todos podemos estar de acuerdo*. La izquierda no debe defender una escuela *de izquierdas*, que nadie se confunda. Ha de defender una escuela «de todos y para todos», que es una cosa muy distinta.

¿Cuáles han de ser los mimbres para esa posibilidad de gran acuerdo de la sociedad en su conjunto, por encima de ideologías y partidos? Básicamente el carácter público por una mera cuestión de justicia elemental, la laicidad y su correlato la pluralidad para que quepamos todos y los futuros adultos puedan decidir qué quieren ser y pensar con la máxima libertad, y el acuerdo común en que la escuela se consagre a instruir a los alumnos y las alumnas en las disciplinas ilustradas (lengua, matemáticas, historia, biología, etc.).

> El lema de la izquierda es el de la Marea Verde. No se trata de conseguir una «escuela de izquierdas», sino de que la izquierda defienda «Una escuela de tod@s y para tod@s».

LA ESCUELA PÚBLICA HA DE SER ESTATAL

Desde la LODE de 1985 se consolidó en la España posfranquista un sistema público de enseñanza de dos redes: una estatal y una de centros privados financiada con fondos públicos. Durante dos décadas se hizo un esfuerzo importante para incrementar la dotación de centros estatales, sobre todo desde que, con la LOGSE (de 1990), se hizo obligatoria la enseñanza hasta los dieciséis años. La red de colegios e institutos públicos creció considerablemente, pero hasta hoy la enseñanza privada ha mantenido una cuota media en torno al 30% del total de los estudiantes de infantil, primaria y secundaria escolarizados en

España[8]. Si bien la derecha, durante los primeros gobiernos de la democracia, intentó imponer, a partir de la situación heredada del franquismo, un sistema netamente favorecedor de la enseñanza privada con ideas como la del cheque escolar, la llegada al gobierno del PSOE en 1982 supuso la imposición de algunas limitaciones a las aspiraciones del sector privado. Las izquierdas siempre pretendieron alcanzar un sistema público netamente estatal, pero los *socialistas* cedieron ante las presiones, poderosamente respaldadas, de la patronal escolar y la Iglesia católica. Alcanzaron una especie de *solución intermedia*: mantenemos las subvenciones a los centros privados, dado que la red estatal es insuficiente para garantizar la gratuidad de las etapas obligatorias, pero imponemos condiciones: la admisión de alumnos estará reglada por el Estado, deberá garantizarse la gratuidad de las actividades complementarias y los centros se gobernarán con un consejo escolar en el que podrán participar los distintos estamentos de la comunidad educativa. Ese es el marco legal que sigue hoy vigente. Desde el mero comienzo, el principio a seguir por la inmensa mayoría de los centros concertados fue ese que dice que *hecha la ley, hecha la trampa*[9]. Ha sido sobradamente documentado que la escuela privada subvencionada conlleva unos gastos para las familias que llegan a triplicar, según la etapa educativa, los asociados a la escuela pública estatal, ya que convierten en prácticamente obligatorios determinados servicios complementarios… siempre con la vista gorda de las administraciones encargadas de hacer cumplir la ley[10]. También se ha constatado sobradamente que la escuela concertada tiende a seleccionar a sus estudiantes para reducir sus *cargas* de alumna-

---

[8] Infografía: «La educación concertada en España», Fundació Bofill, 28 de noviembre de 2022 [https://fundaciobofill.cat/es/blog/infografia-educacion-concertada-espana].

[9] [https://www.infolibre.es/politica/mundo-paga-concertada-ignora-lomloe-mantiene-cobro-generalizado-cuotas_1_1332887.html].

[10] *La educación concertada en España. Reformas en clave de equidad desde una perspectiva internacional*, de Adrián Zancajo, Antoni Verger y Clara Fontdevila, Barcelona, Fundació Bofill, 2021.

do conflictivo. Según datos de la Fundació Bofill[11], la pública estatal acoge, como media, 2,2 veces más estudiantes de bajo nivel socioeconómico y 1,6 veces más estudiantes inmigrantes. De este modo, más allá del supuesto derecho de los padres a elegir una educación confesional u otra (recordemos que la Iglesia católica es la titular de aproximadamente un 60% de los centros beneficiados con un concierto educativo), la enseñanza privada financiada por el erario público funciona fundamentalmente como espacio de segregación de las clases medias frente a pobres e inmigrantes, de los que claramente se hace cargo la enseñanza de titularidad pública. A cuenta de *la libertad*, hablamos en realidad de privilegios, desigualdad y discriminación.

Por si fuera poco, los datos muestran con claridad que, lejos de ser la solución provisional para una escolarización plena de la que hablaba en PSOE en los años ochenta, el peso de la enseñanza privada concertada no deja de crecer en el sistema público español. Si miramos la serie histórica, desde 1992 el gasto en la red de titularidad pública ha crecido un 225,43%, mientras que el destinado a la privada concertada se ha incrementado en un 350,72%[12]. Es curioso constatar que durante la fase más aguda de recortes a partir de la crisis de 2008, entre los cursos 2010-11 y 2015-16, la enseñanza pública perdió alrededor de doce mil profesores y profesoras…[13] y, en ese mismo periodo, el número de docentes de la privada creció en más de once mil. Al más puro estilo de la *doctrina del shock* descrita por Naomi Klein, las fuerzas neoliberales aprovecharon una crisis profunda y brutal para imponer su agenda privatizadora… de un modo parecido a como aprovecharon los estragos del huracán Katrina en Nueva Orleans para sustituir masivamente las escuelas públicas por *charter schools*, un modelo muy similar al de nuestros conciertos[14].

[11] *Ibidem.*

[12] [https://www.infolibre.es/politica/concertada-bate-septimo-record-seguido-dinero-publico_1_1476754.html].

[13] *Datos y cifras. Curso 2016-17*, Ministerio de Educación, Cultura y Deporte.

[14] Naomi Klein, *La doctrina del shock. El auge del capitalismo del desastre*, Barcelona, Paidós, 2007, introducción «La nada es bella».

¿Es la idea de la justicia social y la igualdad de oportunidades un consenso en nuestro país? A pesar de los intentos desde la derecha más delirante por desprestigiarla[15], no es descabellado afirmar que, si no hay unanimidad al respecto, sí que es un deseo abrumadoramente mayoritario en España. Si el sistema de doble red con una escuela privada concertada tiene como cometido social principal separar a las clases medias de la pobreza y la inmigración y, por tanto, crear privilegios e incrementar la injusticia social y la desigualdad, entonces es obvio que no es tan descabellado pensar que podríamos llegar a un acuerdo social de fondo para avanzar hacia un modelo como el de la mayoría de los países de la OCDE, que cuentan con una red estatal de centros que cubre más del 85% del total de la enseñanza en el país (lejos del 69% de España)[16]. Además, como hemos argumentado en otros textos[17], esta hipocresía segregadora se defiende con argumentos que retuercen la idea de libertad para encubrir lo que en realidad son privilegios en un país cada vez menos católico[18] pero en el que no deja de crecer el alumnado matriculado en escuelas de la Iglesia que pagamos todos. Y también, por cierto, con falso alarmismo y datos erróneos[19].

> La supresión de la enseñanza concertada debería ser el primer punto irrenunciable de cualquier defensa de la enseñanza pública. Pues nada hace tanto daño a la escuela pública como la segregación.

---

[15] [https://www.eldiario.es/madrid/ayuso-dice-justicia-social-invento-izquierda-promueve-cultura-envidia_1_10181794.html].

[16] [https://fundaciobofill.cat/es/blog/infografia-educacion-concertada-espana].

[17] [https://blogs.publico.es/dominiopublico/35291/los-padres-no-mandan-en-una-educacion-libre-y-democratica/].

[18] [https://www.lavanguardia.com/local/valencia/20210704/7567695/vocaciones-religion-fe-iglesia-catolica-paula-marquez.html].

[19] [https://www.infolibre.es/politica/concertada-bate-septimo-record-seguido-dinero-publico_1_1476754.html].

Uno de los puntos más chocantes del argumentario en favor de que el Estado subvencione la escuela privada es el de la llamada «libertad de enseñanza». Este es un término que aparece expresamente en el punto primero del artículo 27 de la Constitución Española de 1978[20], casi como contrapeso de la idea que enuncia previamente de que todos tenemos derecho a la educación. Junto con puntos como el 3 y el 9 del mismo artículo, se puede ver como parte de las cesiones al franquismo que hizo el poder constituyente. Aunque parezca mentira, quienes han heredado de la dictadura su posición en el sistema educativo español defienden sus privilegios en nombre de la libertad. Pero las palabras son artefactos complejos que tienen su propio recorrido… siempre están a tiempo de liberarse de contextos que oprimen las interpretaciones bellas. ¿Podemos, de algún modo, *resignificar* el término «libertad de enseñanza» para liberarlo de las estrecheces históricas y acercarlo más al verdadero significado de sus partes? Creemos que esa es una tarea imprescindible para poder llegar a un sistema de enseñanza estable que verdaderamente cumpla con lo que establece el punto 2 del artículo de la Constitución citado, entendido como que hay que educar en el respeto a los principios democráticos de convivencia y los derechos y libertades fundamentales.

En principio, eso de la «libertad de enseñanza» tiende a interpretarse como fundamento de lo que se dice más adelante en el texto constitucional sobre la libertad de creación de centros docentes. Pasa algo parecido a lo que sucede con la libertad de expresión y la creación de medios de comunicación. Sin embargo, habría que preguntarse sobre las *condiciones materiales* necesarias para el ejercicio de esa *libertad*… por parte de todos y no solo de unos cuantos privilegiados. Si la libertad de enseñanza o la libertad de expresión se han de ver supeditadas a la capacidad económica de creación de una escuela o de un periódico o televisión, entonces, en realidad, estamos privando a la mayoría

---

[20] [https://www.boe.es/buscar/act.php?id=BOE-A-1978-31229].

31

de la posibilidad efectiva de ejercer esas libertades, incluso aunque hayan decidido dedicarse, por vocación, profesionalmente a enseñar o a informar. Somos libres... en la medida de nuestro poder económico. El legislador se cuidó mucho de no formular la cuestión como un *derecho*, porque entonces sería indiscutible su universalidad. Pero... ¿no sería mucho mejor entender la «libertad de enseñanza» como un precepto al alcance de cualquiera? Lo cierto es que esa «libertad» puede ejercerla el dueño de un colegio, pero ¿la disfrutarán los docentes que trabajan para él? En la escuela privada es obvio que no: el patrón tiene la sartén por el mango y puede determinar las orientaciones ideológicas y pedagógicas de su centro educativo, bajo amenaza de despido o de no contratación. Los profesores y profesoras no son *libres*, por tanto, en el ejercicio de su profesión. Aquí, la «libertad de enseñanza» se entiende supeditada a la propiedad del centro docente. A nosotros nos gusta más cambiar el orden de las palabras para dar mayor sentido a la expresión: ¿no deberíamos entender, mejor, la expresión «libertad de enseñanza» como «enseñanza en libertad»? O lo que es lo mismo, extender esa libertad a todos y cada uno de los enseñantes. Claro que, visto así, los valedores de los privilegios de la escuela concertada se quedan sin su argumento preferido: quien verdaderamente puede garantizar la libertad de los profesores y profesoras es el sistema cien por ciento público, con docentes funcionarios seleccionados por tribunales formados por otros docentes elegidos por sorteo. Los profesores y profesoras que tenemos garantizado de por vida nuestro puesto de trabajo, con independencia del color del gobierno de turno, podemos ejercer sin miedo lo que dice el apartado C del punto 1 del artículo 20 de la Constitución: se reconoce y protege el derecho a la libertad de cátedra. Este es el verdadero fundamento de la «libertad de enseñanza», y las condiciones materiales que lo hacen posible de manera general tienen que ver con la enseñanza pública y la condición de funcionario. En el mercado privado de la educación, donde el empresario puede contratar según sus filtros ideológicos y puede también despedir a los menos disciplinados, este precepto es necesariamente papel mojado.

La consecuencia directa de la efectiva aplicación de la libertad de enseñanza y su fundamento principal, la libertad de cátedra, derivada de cómo hemos decidido organizar la escuela pública, es la pluralidad. Y esto es una bendición para los niños y las niñas, que tienen derecho a desarrollar «su juicio individual», como dice el Principio 7 de la Declaración de los Derechos del Niño aprobada por la ONU en 1959[21]. Los centros públicos están poblados por toda clase de profesores que orientan de mil maneras su docencia. Los hay de derechas, de izquierdas, católicos, ateos, protestantes o budistas. Forman un mosaico variable que muestra a los alumnos y alumnas que hay mucho donde elegir en el reino de la libertad a la hora de formarse un «juicio individual». En contra de la retorcida leyenda que venden los defensores de los privilegios de la privada concertada, la enseñanza pública es la antítesis del adoctrinamiento. Y hemos de reconocer que los niños y niñas tienen derecho a un espacio sin adoctrinamientos en sus vidas, para poder crecer como ciudadanos y ciudadanas libres. Sin discutir el derecho de madres y padres a tratar de inculcar a sus hijos sus valores y sus identidades, la escuela pública procura a los humanos en crecimiento un contacto con el ancho mundo y el reino de la libertad. Todo lo contrario de lo que sucede cuando una familia de fanáticos religiosos lleva a sus hijos a una escuela que es parte de su secta y que da continuidad a todo el tinglado ideológico familiar. ¿Tienen esos niños, futuros ciudadanos libres, derecho a ver mundo más allá de los límites que su familia y su religión les imponen? El proyecto ilustrado, y nosotros con él, dice que sí, que antes que hijos e hijas de sus padres son ciudadanos y ciudadanas con derecho a llegar a la mayoría de edad con una formación que les permita tomar sus propias decisiones con pleno conocimiento de causa.

Ahí se funda la reivindicación de la plena laicidad del sistema público de enseñanza. La tenemos al alcance de la mano, porque el sistema estatal que hemos creado en los últimos cuarenta años

---

[21] *Declaración de los derechos del niño* (1959) [https://www.observatoriodelainfancia.es/oia/esp/documentos_ficha.aspx?id=33&vengoDe=busqueda_resultado].

está diseñado para garantizarla a través de la figura del profesor funcionario y un proceso selectivo en el que quien decide, en última instancia, son tribunales de otros profesores elegidos aleatoriamente. Afortunadamente, nuestro profesorado es variado y plural, y, aunque lo han intentado, los poderes públicos no han conseguido, hasta ahora, censurar o imponer planteamientos ideológicos más allá de la elección de contenidos curriculares… que siempre están sometidos a selección y modelado por parte de los docentes en el ejercicio de su derecho a la libertad de cátedra. Lo que sucede es que esta laicidad se quiebra, en el sistema público, en ese veintitantos por ciento de los centros que son privados sostenidos con fondos públicos y que son en un 60% de la Iglesia católica… y muchos otros pertenecen a diferentes confesiones, incluidas sectas protestantes como los Adventistas del Séptimo Día[22], que, por ejemplo, consideran pecaminoso el teatro. ¿Se ha de privar de acceso a la literatura dramática a un niño, adolescente o joven solo porque sus padres pertenecen a esa iglesia? La idea ilustrada que alumbra al sistema público de enseñanza dice que no, que su derecho a acceder al conocimiento y las artes de la humanidad está por encima de las creencias de sus familiares. En eso consiste la laicidad que ha de impregnar la escuela pública. Por eso pensamos que tenemos que llegar al acuerdo general de que no se han de subvencionar centros privados y de que se han de dejar para la esfera privada y para la vida no escolar las clases de religión, sea esta la que sea.

Una escuela laica, ¿a qué se ha de dedicar, entonces? Esta es una cuestión más complicada de lo que parece en un principio, porque el concepto de laicidad, a nuestro entender, incluye la necesidad de no adoctrinar ideológicamente en algo así como lo que podríamos llamar «religiones sin dios». La escuela laica no es una escuela *de izquierdas*, no puede ser anarquista o comunista

---

[22] ¿Podemos imaginar un colegio adventista del séptimo día con concierto educativo? Claro. En España hay uno en Madrid, uno en Zaragoza, uno en Sagunto y otro en Barcelona. Todos reciben dinero público para transmitir sus dogmas. Entre ellos, el creacionismo; son contrarios a la teoría de la evolución.

o socialista, ni siquiera *ecologista*. Gentes de todas estas ideas han de caber en ella lo mismo que las de muchas otras, incluida cualquier religión. Es laica en tanto que no profesa otra sujeción que la de las disciplinas de la razón y el marco de convivencia democrático y garantista que, por supuesto, también se sustenta en la razón misma. Otra cosa es que la instrucción en las disciplinas de la razón lleve a las personas a pensar por sí mismas y tomar partido por determinadas posiciones políticas que anteponen los derechos universales y el futuro de la humanidad y de la biodiversidad en la que reposa la vida digna de ser vivida a los intereses privados de las elites… El trabajo de la escuela pública puede facilitar esto, pero no como objetivo principal sino como consecuencia *colateral*.

La «libertad de enseñanza» no puede entenderse como un derecho que tendrían los padres a secuestrar a sus hijos encerrándolos en una secta ideológica hasta que sean mayores de edad. Los padres tienen derecho a educar a sus hijos en sus valores, pero no a negarles el hecho de que existen otros valores. La escuela pública es la única garantía de este necesario acceso a la diversidad. Es la salvaguarda de un derecho fundamental: el que tienen los hijos e hijas a librarse de sus padres, mirando más allá de sus prejuicios y sus imposiciones ideológicas. Es en la escuela pública en donde los niños y las niñas, que han sido educados por sus padres, conocerán a otros niños y niñas que han sido a su vez educados por otros padres distintos, quizás incluso en otra cultura o religión. Hay que repetirlo mil veces y bien alto: la escuela pública es el mejor antídoto que inventó la humanidad para combatir el adoctrinamiento. El mantra de la derecha de que «entonces adoctrina el Estado» es completamente absurdo en una sociedad en la que se supone que hay división de poderes y los profesores son funcionarios con libertad de cátedra (nombrados en tribunales públicos en el que no hay ningún filtro ideológico puesto que son elegidos por sorteo), lo que vuelve impracticable cualquier injerencia gubernamental en las aulas. Cualquier intento de adoctrinar que pueda tener un profesor en la escuela pública será compensado o contrarrestado por el siguiente profesor. Y el gobierno tampoco tiene la menor influencia en ello.

Otra cosa es que haya que cumplir con los programas de las asignaturas fijados por la ley. Pero eso ya no puede considerarse un «adoctrinamiento estatal», sino una consecuencia de la democracia. Y quizás esto es lo que a veces se lamenta desde la derecha, el hecho de vivir en una democracia.

EL CONSENSO DE LOS CONTENIDOS

En su imprescindible artículo «Educar e instruir», publicado en *El País* hace ya 16 años[23], Rafael Sánchez Ferlosio aboga por un «principio de impersonalidad» en la enseñanza y afirma que «no es, evidentemente, el Teorema de Pitágoras el que debe adaptarse a las condiciones personales del alumno, sino este el que debe adaptarse a la esencial impersonalidad de ese teorema». El genial escritor español argumentaba que la escuela es el lugar público por excelencia para acceder al mundo de la razón y sus universales, que se caracterizan precisamente por su absoluta impersonalidad, son lo mismo para cualquiera y se llega a ellos de manera *desinteresada*, sin otra finalidad que el saber por el saber. Las disciplinas de la razón, que es de lo que, en realidad, habla Sánchez Ferlosio, son el producto de una labor acumulativa de siglos de esfuerzo intelectual de la humanidad y no son ni católicas ni protestantes ni musulmanas, ni tampoco son de izquierdas o de derechas; no pertenecen a ninguna cultura o nación o naciones en particular, ni a ningún género... ni siquiera han de ser exclusivas de la humanidad, porque no sería descartable que fueran compartidas por seres no humanos que cumplieran con la condición de ser racionales. La inmensa mayoría de los docentes intuyen todo esto y probablemente están de acuerdo en el meollo de lo que se enseña en la escuela, formado por esos contenidos radicalmente *impersonales*, independientes de los individuos que los piensan, que han de hacer el esfuerzo de dejar de lado todas sus opiniones, creencias, deseos y particularidades

---

[23] [https://elpais.com/diario/2007/07/29/domingo/1185681159_850215.html].

para enfrentarse con la máxima concentración a la comprensión y desarrollo de los conceptos.

En el desempeño cotidiano de la docencia en los centros escolares, tenemos claro que nuestra misión específica no es corregir conductas o aleccionar moralmente, estas cosas son subsidiarias de lo que *sabemos de corazón* que es nuestro propósito: enseñar matemáticas, lengua, biología, historia, etc. ¿No tenemos aquí el pilar práctico fundamental del gran acuerdo que necesitamos? Si se deja claro de una vez que la escuela es el lugar donde se cultiva en los más jóvenes el preciado conjunto de los saberes de la Ilustración para instruirlos en ellos y capacitarlos como ciudadanos que *saben* (y que por tanto van a estar preparados para ser todo lo libres que puedan llegar a ser en este mundo tan complejo e injusto), entonces podemos tener alguna posibilidad de ponernos de acuerdo y superar la capciosa batalla de un sistema político que al tiempo que privatiza, *personaliza* y nos aleja cada día más de nuestro cometido esencial.

El problema es que, en este mundo, no es fácil construir el lugar de «lo que solo respira plenamente en la anónima atmósfera de los universales»[24] del que hablaba Sánchez Ferlosio cuando se refería a la escuela pública. El artículo citado peca de ingenuidad cuando propone que se hable de usted en los centros de enseñanza como medida específica para generar esa *impersonalidad*. En realidad, librar de *particularidades* la actividad en el aula resulta muy complicado. Nos atrevemos a afirmar que a los niños y jóvenes cada vez les cuesta más dejar de lado todo para *concentrarse* en las matemáticas o cualquier otra disciplina[25]. Y nos aprueban leyes en las que el aula se concibe como una jaula de grillos en la que el profesor o profesora deambula entre individuos *individualizados*. Seguramente será casi un consenso entre docentes la idea de que, para conseguir crear ese espacio de los universales imprescindible para las disciplinas de la razón, lo que hace falta no son planteamientos pedagógicos construidos *desde fuera* de la enseñanza de las distintas materias, sino más bien ba-

---

[24] *Ibidem.*
[25] [https://rebelion.org/educar-para-poder-ensenar/].

jar las ratios e incrementar los recursos para que haya suficiente profesorado y suficientes profesionales para ayudar a hacerse cargo de esas *particularidades* que, tan frecuentemente, interrumpen esa atmósfera cuyo anonimato depende del silencio, la atención, el sosiego[26].

Tenemos clara la importancia central de los contenidos en el sistema público de enseñanza. El conocimiento es la clave. Y lo más interesante de todo es que estamos casi seguros de que la inmensa mayoría de los profesores, alumnos y familias están también de acuerdo. Vamos a la escuela ante todo a aprender... matemáticas, ciencias sociales, ciencias naturales, lengua castellana, etc. En esto, que parecería obvio si no se viera puesto en duda en las últimas reformas educativas, estriba, insistimos, la estabilidad del sistema y la posibilidad de un gran acuerdo que nos incluya a todos. Ese consenso subyacente se ha encargado de que todo el sistema no enloqueciera a base de seguir los dictados cambiantes de las *modas* pedagógicas sucesivas que ha ido adoptando el legislador. Atenuó la catástrofe con la aplicación de la LOGSE, permitió a la educación pública resistir los recortes y los empujones brutales que le ha dado el Partido Popular hacia la subsidiariedad respecto de la privada concertada, *puenteó* las dichosas *competencias* de la LOMCE del PP, reduciéndolas a burocracia vacía para no tener que tomarlas nunca en serio. La inmensa mayoría de los profesores y profesoras llevan décadas empeñados en seguir enseñando y evaluando caiga quien caiga, con o sin recortes, surfeando por encima de los delirios pedagógicos vigentes.

De manera que si hay una posibilidad de consenso laico, está en los saberes ilustrados. Podemos incluso llegar a creer que la mayoría de las familias no se dejan engañar con la titulitis: no les interesa tanto que la niña o el niño accedan al título de graduado en ESO sino más bien «que salgan bien preparados». Y la inmensa mayoría de los docentes estamos comprometidos con esa «preparación». El conocimiento es el que trae los cambios sociales y culturales. Es el que rompe las barreras culturales de clase. De modo que, cuando tengamos que regular cómo ha de funcio-

---

[26] *Ibidem.*

nar el sistema público de enseñanza, lo primero que habrá que tener en cuenta serán las exigencias teóricas de cada una de las disciplinas que se han de desarrollar en los alumnos.

Los *profesores* solemos saber bien qué es lo que se tiene que enseñar de cada materia en cada curso. El trato cotidiano con los niños y niñas, el trabajo con ellos durante años, permite ir acotando tácticas. El diálogo muestra las limitaciones cognitivas y las necesidades teóricas para progresar en lo que se está tratando de aprender. Y todo planteamiento didáctico ha de estar mediado por la idea de que se trata de que los críos se hagan con la disciplina que sea. No suelen ser muy útiles los planteamientos pedagógicos generales que no tienen en cuenta las particularidades de cada asignatura, o que, incluso, pretenden acabar con el concepto mismo de asignatura. Al contrario, cuando tratamos de adaptar los contenidos a muchos de los entramados pedagógicos que políticos y empresarios tratan de imponer, nos encontramos con dificultades. José Manuel Bar Cendón, secretario general de Educación con la ministra Pilar Alegría (PSOE), en una entrevista[27], afirmó que «el puro embutido de conocimientos no es útil para la vida, no es competencial. ¿De qué nos sirve memorizar un montón de cosas si no tenemos su aplicación práctica? La vida está globalizada y los conocimientos también deben estarlo. Tienen que tener una utilidad práctica porque si no el alumno tampoco estará motivado». Estas afirmaciones chocan con lo que menciona Sánchez Ferlosio en su artículo, a saber, el descubrimiento ancestral de la filosofía que afirma que el saber es siempre desinteresado, y tienen su correlación metodológica en la insistencia del currículo de la última reforma en obligar a organizar las programaciones de aula a través de las llamadas «situaciones de aprendizaje». El caso es que hay multitud de conceptos que son imprescindibles para aprender, pongamos, matemáticas, física o lingüística, que no tienen absolutamente ninguna aplicación práctica y son muy difíciles de encajar en una de esas «situaciones de aprendizaje». En el caso de las matemáticas, no se puede

---

[27] [https://www.publico.es/sociedad/secretario-educacion-repetir-curso-carisimo-absolutamente-ineficaz.html].

confundir el uso de elementos manipulables para representar, por ejemplo, operaciones como la suma llevando (ábaco, bloques diferenciados en unidades y decenas, etc.), con pretender que comprender el concepto tenga que estar ligado a una aplicación práctica. En realidad, es mucho más interesante la manipulación *abstracta* del ábaco o los bloques que hablar de pasteles o nueces. En este último caso, es mucho más factible la *distracción* (¡me encantan las nueces! o ¡nueces, qué asco!), que es el peor antagonista de la concentración que exige la disciplina. En el caso de la física, el concepto, por ejemplo, de movimiento rectilíneo uniforme es imposible de experimentar en la realidad y es, al mismo tiempo, una base imprescindible para entender todo lo que viene después en el estudio del movimiento. En el caso de la lingüística elemental, la morfología que se estudia en primaria impone distinciones que difícilmente pueden partir de situaciones prácticas; la reflexión sobre el lenguaje es de por sí abstracta y exige trabajar con tantos ejemplos variados que es absurdo intentar meterlos en el corsé de una «situación de aprendizaje».

Ante las dificultades que implica encajar las disciplinas intelectuales en esos moldes pedagógicos de moda, hay una respuesta clave que puede, creemos, hacer mucho daño: mandar al garete los contenidos con tal de preservar el *modus operandi*. Se viene a decir que *lo importante es que trabajen en equipo* o *la interdisciplinariedad* o *que aprendan a hacer proyectos*. En total, como dice José Manuel Bar Cendón en la entrevista citada, «el profesor como transmisor de conocimientos puro y duro es un modelo ya obsoleto. Por dos razones, básicamente: los inputs que reciben los alumnos no se limitan a las clases. Están continuamente en internet y recibiendo información de mil sitios, ya que el acceso a la información se ha democratizado mucho. Eso, a la figura clásica de profesor la deja fuera». Es decir, en el fondo *no hace falta saber porque todo está en la red*. Desde luego, con estas premisas, una reforma educativa, la haga quien la haga, dígase de izquierdas o de derechas, no va a contar con el consenso del profesorado, que no confunde *información* con *conocimiento* y tiene muy claro, creemos que muy mayoritariamente, que es precisamente la transmisión del conocimiento lo que marca la diferencia. Más bien logrará un consenso *en contra* que se expresará de distintos modos, si bien la tendencia consolidada en nuestro país seguramente sea, como ya hemos entrevisto antes, la de disimular con todo tipo de ardides burocráticos el incumplimiento de las órdenes de los políticos para seguir haciendo lo que se ha hecho siempre (y nos ha llevado a donde estamos, con todas las carencias y dificultades, pero muy lejos si tenemos en cuenta el punto de partida).

Hasta el momento, todos los consensos que se han planteado en torno a la enseñanza han sido consensos entre políticos, tecnócratas, expertos y pedagogos, pero siempre ha faltado el interlocutor principal: el profesorado. Solo así se explica que se haya desembocado en la absurda idea de que el conocimiento ya no es importante porque los alumnos, por ejemplo, lo pueden «sacar de internet». Los conocimientos son el centro de gravedad de la escuela y la palanca para cualquier consenso sobre educación. Y los conocimientos son, ante todo, impersonales, porque pretenden ser objetivos. El punto de partida no puede ser el de adaptarlos a la individualidad del alumno, sino, al contrario, el de buscar los medios (a veces muy individuales) para que el alumno pueda adaptarse a la objetividad impersonal de los conocimientos. Mientras los «expertos en educación» ignoraban todo esto en la redacción de cada nueva legislación, los profesores han seguido tozudamente empeñados en su tarea científica, resistiendo contra viento y marea todo tipo de dislates y ocurrencias pedagógicas: toda una fantasía propia de ideólogos que tienen todos en común el hecho de no haber pisado jamás un aula.

3. Escuela, familia y medio social

Los peligros de HIT

En septiembre de 2020, cuando la LOMLOE afrontaba la recta final de su aprobación y publicación (el 29 de diciembre de ese mismo año), RTVE puso en antena con bombo y platillo la serie «HIT», protagonizada por Daniel Grao, que hacía de Hugo Ibarra Toledo (HIT), una especie de profesor que se hacía cargo de los estudiantes más conflictivos de un centro privado concertado de una gran ciudad (su *desembarco*, por cierto, hubiera sido de todo punto imposible en un centro público).

Cada vez que empezaba un capítulo, muchos docentes nos preguntábamos: pero este tío, ¿de qué es profesor? En ningún momento, por lo menos que sepamos, se le daban explicaciones al espectador acerca de la especialidad de ese supuesto docente que dejó de dar clase a raíz de un asesinato en masa en el instituto estadounidense en el que, al parecer, ejercía. No sabemos si era maestro (entonces, ¿qué hacía en centros de secundaria?) o si era de matemáticas, de historia, de biología y geología, de lengua, de filosofía, de inglés… Insistimos: ¿de qué daba clase el tal HIT?

Obviamente, cuando los niños son pequeños y se ponen las bases de la lectoescritura, los maestros de primaria pueden trabajar con casi todas las disciplinas. Pero en la secundaria, el nivel de los conocimientos hace ya necesario que cada docente sea especialista en sus materias. Esto es, sin duda, un gran progreso social: no dejamos ese grado mayor del saber a una minoría privilegiada, insistimos en generalizarlo. No nos conformamos con que los críos conozcan «las cuatro reglas». Queremos que profundicen en las matemáticas, en el conocimiento de sus lenguas oficiales y en una o dos extranjeras, en el estudio de la historia, en que se les introduzca en el método científico, en la física, en la biología, en que se les instruya en el arte de pensar, eso que llamamos filosofía y que no debería haber desaparecido de la ESO con la asignatura de ética de 4.°… La sociedad pone los medios para intentar formar una ciudadanía consciente e ilustrada, intelectualmente capaz por lo menos para que no se la peguen los políticos con patrañas o los vendedores de motos con fascinante morralla. Y eso hemos dejado claro que solo se consigue con profesores y profesoras, muchos profesores y profesoras, que saben de lo que enseñan.

Pero Hit no se dedica a eso en la serie de televisión. En un colegio privado subvencionado con fondos públicos toma un grupo de estudiantes disruptivos y monta con ellos una especie de grupo de psicoterapia. Se les va el curso hablando de sus particularidades, encarando sus problemas personales. Y cuando llega el momento de poner las notas y dar los títulos de graduado en ESO, queda claro que, aunque hayan suspendido todos los exámenes y sean manifiestamente incompetentes en las diferentes asignaturas, han aprobado la asignatura de la vida y, por tanto, *obviamente*, se les ha de permitir pasar el curso y titular.

A pesar de la desorbitada relevancia política que se le intentó dar a esta serie a través del *debate* posterior a cada episodio programado en La Uno de RTVE, afortunadamente apenas fungió como propaganda olvidada, inane, mero entretenimiento, en medio de un mar de series que olvidamos casi en cuanto las terminamos de ver. Porque el relato de ficción operaba con un planteamiento ideológico netamente peligroso para nuestra enseñanza pública y que funciona como perfecta nota al margen del entramado legal que inauguró la LOMLOE: un *profe* rebelde, progresista, preocupado por el cambio climático, las injusticias sociales del capitalismo… que dice estar formando las generaciones futuras que «nos salvarán». Y su camino no es el conocimiento sino el *coaching*. Porque, en contra de lo que sabemos bien en la escuela pública, al final los problemas de los estudiantes de la serie son netamente *psicológicos*. Y la realidad es muy distinta: los departamentos de orientación de los institutos constatan día a día que las dificultades que presentan los estudiantes más conflictivos (incluidas las psicológicas) tienen, en muy buena medida, una honda raíz *social y familiar.* La precariedad laboral, la indefensión económica de las madres solteras o divorciadas, las situaciones de pobreza y exclusión, la desestructuración familiar... Ahí está el meollo de mucho de lo que pasa en las escuelas e institutos, y son realidades sobre las que los equipos docentes tienen una mínima, minimísima, capacidad de incidencia. ¡Bastante tienen con intentar seguir enseñando matemáticas, por Dios! Como ya hemos argumentado, es vano y prejudicial arrojar a la escuela la responsabilidad de resolver los problemas ante los que la sociedad se ve impotente. El tiempo de escolarización es, evidentemente, limitado. Y el conocimiento que hay que transmitir es enorme. Cuanto mayor tiempo de escolarización se dedique a la labor imposible de gestionar y tratar de resolver los problemas sociales que deberían afrontarse en otro lado, menos cumplirá la escuela su misión de enseñar.

> Un profesor no es un *coach,* no es un entrenador psicológico que prepara a los niños para desenvolverse en la selva del mercado laboral que les espera. Bastante es si logra enseñarles matemáticas, historia o lengua.

CONOCIMIENTO Y AYUDA PSICOLÓGICA

Hay que reconocer que es creciente lo que podríamos llamar necesidad de atención a problemas psicológicos en la escuela. La salud mental de niños y jóvenes está en franco deterioro, como ya hemos visto, en un mundo marcado hace aún muy poco tiempo por la pandemia, pero, sobre todo, y de modo duradero, por la hegemonía cultural entre ellos del universo diseñado por las grandes empresas de redes sociales a través de internet[1]. Ante

---

[1] [https://elpais.com/tecnologia/2023-06-11/la-epidemia-de-mala-salud-mental-que-crece-entre-las-adolescentes-las-redes-sociales-me-quitaron-calidad-de-vida.html]. Muy interesante para entender todo esto es ver el documental de Netflix *El dilema de las redes* [https://www.netflix.com/title/81254224].

todo esto, el medio escolar suele proporcionar algunas oportunidades terapéuticas, pero es realmente muy difícil pretender que cualquier profesor o profesora pueda fungir como psicoterapeuta sin serlo en absoluto. Los planteamientos del aula como espacio esencialmente terapéutico tienen repercusiones muy graves respecto de la que hemos visto que es la función esencial de la escuela. Por un lado, reducen el trabajo intelectual del grupo y disminuyen, por tanto, la transmisión de conocimientos, que ya sabemos que es siempre urgente en un tiempo que necesariamente resulta escaso para el volumen de lo que querríamos transferir para garantizar una buena formación, a la altura del momento actual. Todo el tiempo dedicado a la psicoterapia es tiempo de *particularidades*, en las antípodas de la «anónima atmósfera de los universales». El relato explicativo del concepto, de la *idea* en el sentido platónico, se ve sustituido por una ensalada de yoes, exactamente lo contrario de lo que exige el conocimiento ilustrado.

Por otro lado, de esa manera damos un gran protagonismo a determinados individuos donde *nadie* debería tenerlo. Sin duda, todos tenemos *problemas psicológicos*, pero hemos de reconocer que los de algunos son mucho más gordos que los de los demás. Las determinaciones psicológicas de la mayoría de los alumnos y alumnas no interfieren demasiado en el propósito de la enseñanza, de modo que son chicos y chicas que pueden llegar a ser capaces de formar parte de la «anónima atmósfera de los universales» sin dar la nota en demasía hasta el punto de que llegan a concentrarse y aprender algo… Vamos, que apenas necesitan ningún tipo de terapia específica o *coaching*. ¿En qué lugar coloca a esta inmensa mayoría de niños y niñas esa concepción de la escuela en la que los profesores y profesoras son básicamente *psicólogos* improvisados? En vez de explicaciones matemáticas o lingüísticas o históricas, recibirán el *ruido* de los otros, sobre todo de aquellos que quizás sí están más necesitados de ayuda… incluido al final, hay que fastidiarse, el profesor de turno.

Una cosa es lidiar con los problemas personales de toda índole que impiden a los alumnos *atender*, como solemos decir los profesores, y otra concebir la clase como el lugar donde básicamente se *trabajan* todas las peculiaridades para buscar determinadas transformaciones psicológicas. En realidad, cuando no hay otro remedio que dedicar la clase a terapia estamos ante un cierto fracaso de la enseñanza... el cual es un evidente fracaso de la sociedad, que no es capaz de proporcionar las condiciones de vida mínimamente dignas que hagan posible la *normalidad* en la escuela.

La escuela puede ayudar a hacer visibles problemas psicológicos y puede proporcionar un espacio protegido que puede permitir determinadas acciones terapéuticas. Pero es evidente que hacen falta recursos específicos y especializados para esto, recursos que hoy por hoy ni existen ni se los espera. En el colegio o instituto se detectan muchos síntomas que podrían dar lugar a la intervención *extraescolar* de equipos multidisciplinares que podrían combinar la atención psicológica con el trabajo social, para ayudar a las familias a superar situaciones graves de desamparo, vulnerabilidad y desestructuración. Pero, en España, la inversión pública en ayudas sociales[2] y cuidados para la salud mental[3] es, desde antiguo, vergonzosamente escasa. No podemos atribuir al profesorado la responsabilidad de tapar estos evidentes *agujeros* del estado del bienestar español; esta lamentable dejación de funciones del estado no puede convertirse en la vía para reconvertir el sistema de enseñanza en otra cosa mucho más complaciente con los poderes reales a la vez que incompatible con una buena salud democrática.

> La escuela no tiene por cometido tapar los agujeros del Estado del bienestar. Hay que exigir al Estado una buena atención en ayudas sociales y psicológicas, en lugar de encubrir estos graves problemas desplazando a la escuela la responsabilidad de su gestión.

---

[2] [https://agendapublica.elpais.com/noticia/18134/proteccion-social-talon-aquiles-espana].

[3] [https://www.eldiario.es/sociedad/salud-mental-escasez-recursos_1_1642355.html].

Ya hemos visto que una de las funciones sociales más relevantes de la escuela es *guardar* a los menores mientras padres y madres trabajan. Y hemos visto también que esta función la puede convertir en una continuación de la familia, o por lo menos, de sus funciones. ¿Es ese propósito el principal del sistema de enseñanza? Ya hemos insistido en que no, pero a veces nos tememos que sea la que verdaderamente hace posible el milagro de que sigamos teniendo un gran sistema educativo público. Desde luego, hace ya mucho que se vienen confundiendo funciones, en parte de manera interesada, en parte, suponemos, por puro y simple prejuicio o error de comprensión. La verdad es que toda la sarta de declaraciones de intenciones *educativas* que con la LOMLOE se han trasladado masivamente al currículo emborronan bien el panorama.

¿Qué hacen las familias con los niños y niñas? Tratan de *educarlos*. Los adultos intentamos que nuestros hijos e hijas asimilen un conjunto de valores y normas de comportamiento, y tratamos de ayudar, como quiera que se nos ocurra, a que *maduren*. Unas familias querrán que sus vástagos se conviertan en buenos cristianos, otras en buenos revolucionarios, otras en buenos empresarios... muchas se conformarán con que sobrevivan y se hagan lo suficientemente fuertes como para mejorar las condiciones de vida heredadas de sus padres. Una parte importante del tiempo de los menores con sus familias es, por tanto, *educativo*. De alguna manera, la familia también intentará con frecuencia contrarrestar fuertes tendencias desencadenadas en la sociedad, también *educativas*, que alejan a los críos y crías de los objetivos de sus madres y padres. Toda la vida se ha hablado de la influencia del grupo de amigos de la misma edad, y luego se añadió la televisión (a la que Sánchez Ferlosio llamó, con agudeza, «el mejor *baby sitter*» en su artículo de 2009 «Televisión para niños»[4]). Desde hace pocos años, la niñera catódica se ha visto desbancada por

---

[4] [https://elpais.com/diario/2009/12/20/opinion/1261263610_8502
15.html].

los teléfonos móviles, tabletas, videojuegos, etc., con consecuencias, cuanto menos, *intensas*.

En ese torbellino, las madres y padres lo tienen muy difícil para controlar la situación. Ser madre o padre hoy en día es, seguramente, más complicado que nunca. Hay que tener un talento muy especial para lidiar con tus hijos siendo a la vez un modelo de conducta, un *poli* bueno (o malo a veces), un psicoterapeuta, un *coach* emocional, un guía mediático… Lo cierto es que no hay padres perfectos, como decía el psicoanalista austriaco Bruno Bettelheim[5], sino más bien padres muy imperfectos de hijos con abundantes dificultades de todo tipo. De hecho, la manida pandemia del COVID-19 trajo consigo un incremento bestial de los problemas de salud mental en menores[6]. Si a esto le unimos las carencias vergonzosas del sistema público de atención psicológica y psiquiátrica, el panorama resulta, cuanto menos, preocupante. Además, de todos es sabido que los confinamientos y las sucesivas restricciones al contacto social y al movimiento de las personas trajeron consigo una crisis económica gigantesca que, como siempre, dio mucho más fuerte en los estratos sociales en riesgo de exclusión, esos que duplican su presencia en la escuela pública estatal dadas las restricciones de acceso que les pone la privada concertada.

En principio, la inmensa mayoría de las *mamás* y *papás* bastante tienen con sacar adelante las condiciones materiales necesarias para la vida de la familia como para plantearse asumir en casa la función formativa de la escuela. A veces asisten a los hijos e hijas con los deberes y el estudio para los exámenes, pero la labor de los progenitores se suele centrar más bien (siempre hay excepciones) en *educar* dando apoyo *psicológico* de andar por casa (el más imprescindible, por cierto, en la vida de uno) o corrigiendo de mil modos las conductas disruptivas. Casi nadie, salvo por necesidades puntuales, se plantea *dar clase* a sus hijas e hijos en casa. La realidad no es simétrica: lejos de mantener la división de

---

[5] Bruno Bettelheim, *No hay padres perfectos*, Barcelona, Editorial Crítica, 2023.

[6] [https://www.aeped.es/noticias/pandemia-ha-provocado-un-aumento-hasta-47-en-los-trastornos-salud-mental-en-los-menores].

funciones que se podría esperar, se delega en la escuela como principal recurso de la sociedad para la *conciliación de la vida familiar con la laboral*, y esto encaja a la perfección con la atribución de funciones *educativas* desmesuradas al centro docente. Cuando se empieza con la cantinela de la *formación integral del ser humano* y la formación *en valores* y cosas similares, se está, en realidad, haciendo un trasvase de funciones de la familia a una escuela concebida, ante todo, como guardería.

¿Hasta qué punto los docentes tienen que estar preparados para hacer con sus alumnas y alumnos toda esa labor *educativa* que madres y padres sacan adelante como buenamente pueden?

Es indudable que los profesores y profesoras tienen que *educar* a sus alumnos. Cuando decimos que tienen que ser capaces de enseñar lengua, inglés o biología, por ejemplo, estamos dando por hecho que hay importantes necesidades de educación implícitas. La denostada transmisión de conocimientos exige mucha educación porque necesita unas condiciones adecuadas en el lugar de la enseñanza. La atmósfera de los universales de la que hablaba Sánchez Ferlosio impone serios requisitos de orden, tranquilidad, concentración... que implican también ciertas condiciones de convivencia que se tienden a regular con los mismos requisitos de universalidad necesarios para las disciplinas de la razón... es decir, con la *razón práctica*, que diría Kant. Podemos decir que el sitio desde el que opera la razón, que es precisamente el sitio al que el profesor o profesora quiere llevar a sus alumnos, es algo así como *el lugar de cualquier otro*[7]. Ante el teorema de Pitágoras lo mismo da que seas belga o mongol, chino o canadiense, humano o extraterrestre, siempre que seas un ser racional. De un modo u otro, cuando *razonamos* todos nos ponemos en el mismo lugar, un lugar en el que todos somos iguales e intercambiables porque el teorema está bien razonado y funciona en la cabeza de cualquier ser racional. Es desde ese *lugar de*

---

[7] Esta manera de contar a Kant está explicada de forma sencilla y elocuente, por ejemplo, en Pedro Fernández Liria, Carlos Fernández Liria, Luis Alegre Zahonero y Miguel Brieva, *Educación para la ciudadanía. Democracia, capitalismo y estado de derecho*, Madrid, Akal, 2007.

cualquier otro desde el que Kant fundamenta su imperativo categórico, la base de una moral racional universal. Vemos aquí, por tanto, que hay una clara correlación entre las disciplinas de la razón, que son los contenidos de la escuela pública, y lo que podríamos llamar *convivencia democrática* en el centro docente. En el lugar de los conceptos, de los universales, las reglas tienden a serlo también y, por tanto, todos los individuos son *iguales* en tanto que seres que razonan. Lógicamente, los maestros y maestras tienen la autoridad que confiere el hecho de que son los que saben y enseñan, y tienen la responsabilidad de llevar a los alumnos a recorrer esos mundos de las disciplinas de la razón. Pero han de actuar con un fuerte compromiso ético de acuerdo con reglas razonables (universales de por sí) y deben servir de ejemplo a los niños y niñas para construir esas condiciones de anónima igualdad *radical* que la razón exige.

Los buenos maestros y maestras actúan, por tanto, como se puede esperar de *cualquiera* que actúe ante un niño o niña en la escuela. Son comprensivos, saben escuchar y obran con justicia. Son pieza clave para la convivencia en el lugar de la razón, que es fundamento previo de cualquier posibilidad de ciudadanía democrática. Los profesores y profesoras que enseñan tienen una gran autoridad, pero han de saber no ser autoritarios. Y saben tratar a los niños de manera adecuada, a cada uno según sus necesidades, para poder llegar juntos a ese lugar en el que *se piensa* y, de alguna manera, todos somos iguales.

La familia es siempre un cúmulo de particularidades. Cada familia es un mundo, se suele decir, aunque muchas historias familiares se parecen entre sí. Hay muchas familias que delegan con todo el gusto y confianza en los profesores y profesoras de la escuela pública la labor educativa propia de la institución, que puede que apunte en una dirección muy distinta a la educación que se produce en la familia. Pero, con la transferencia de funciones *educativas* al sistema escolar, aumenta la necesidad de intromisión que expresan muchas madres y padres en el funcionamiento escolar. Es como si la exportación de funciones educativas a la escuela hiciera obvio que en ella se ha de dar una prolongación de los valores, normas y creencias del medio familiar; que se haya de evitar toda contradicción entre la experiencia de las criaturas en casa y la que se desarrolla en el centro docente, puesto que son partes del mismo proceso. Y por eso la escuela privada es tan ideal para los padres y madres *sectarios* (por decirlo suavemente) como injusta para los menores... Como ya hemos visto antes, para hijos e hijas es injusta porque tienen derecho a ver más allá del mundo ideológico de mamá y papá. Por su parte, el sistema-mercado favorece el autoritarismo ideológico y religioso de los padres que son a la vez ricos y católicos de ultraderecha, porque son los que con mucha mayor facilidad encontrarán el modo de escolarizar a su progenie en colegios de su cuerda; aunque también hay una cierta proliferación de escuelas privadas *progres* que funcionan como guetos *alternativos* con un lamentable sesgo de clase social[8]. Afortunadamente, aún tenemos la pública, que cuando se financia y cuida adecuadamente es, sin duda, mucho mejor para las hijas y los hijos desde todo punto de vista.

Resulta que muchos de esos progenitores *sectarios* se ven obligados por las circunstancias a llevar a sus hijos a la escuela pública estatal. Entonces se empeñan en entrar como un elefante en una cacharrería e imponer directrices desde ese supuesto derecho de los padres a dirigir la formación moral de sus hijos *allá donde vayan*. Sin duda, ese derecho lo tienen en su casa, siempre que también respeten los del niño o niña (habría que ver qué es lo que pasa en muchas familias, por cierto). Pero obviamente puede entrar en colisión con el derecho de los niños y niñas a formar su propio criterio cuando se intenta imponer en el lugar de los universales, en el de la escuela pública.

En el caso de parte de los padres y madres de derechas, su sectarismo educativo aflora, por ejemplo, en uno de los puntos programáticos a los que más bombo dan los ultras de Vox: el *pin parental*. Con él, que está vigente por el momento, en versión muy *suavizada*, en la comunidad autónoma de Murcia[9], preten-

---

[8] [https://www.elsaltodiario.com/educacion/ani-perez-pedagogias-alternativas-agravan-desigualdades-de-clase].

[9] [https://cadenaser.com/nacional/2023/03/28/que-es-el-pin-parental-y-por-que-no-se-ha-prohibido-en-la-nueva-ley-de-familias-cadena-ser/].

den dar a los tutores legales derecho de veto sobre determinados contenidos que se imparten a los niños y niñas que puedan contradecir sus ideas. Sostienen que es un derecho *de los padres* impedir que sus hijos accedan a otros puntos de vista o reciban instrucción sobre asuntos elementales de derechos humanos como son la igualdad o la no discriminación de las personas LGTBI. Claramente, ese presunto derecho paternal (¿o deberíamos decir *patriarcal?*) funciona como opresión del derecho de los menores a alcanzar su propio criterio, en los términos ya citados de la Declaración de los Derechos del Niño de 1959, que entendemos que tiene un alcance universal.

También se da el caso de que madres y padres *alternativos* no puedan llevar a sus descendientes a una escuela privada que pueda funcionar a la perfección como gueto educativo en el que asegurar que no interaccionan con las *cosas malas* del resto del mundo. Por muy *progre* o *de izquierdas* o ácrata o lo que quieras que sean esos colegios *tan especiales,* no dejan de ser eso, colegios privados que segregan y que proyectan en el espacio escolar, que debería ser *público* en tanto que *universal,* un puñado de ideas y procedimientos del gusto de los padres y madres, los cuales limitan la exposición de los críos y crías al amplio abanico ideológico, metodológico y mental con el que verdaderamente puedan formar su propio criterio con la mayor libertad. En fin, las escuelas de algo así como *izquierda alternativa* son muy pocas, de modo que suele ser bastante probable que los hijos de madres y padres de ese perfil acaben en la pública porque no tienen otra alternativa más de su agrado. En tal caso, a estas familias siempre les queda la opción de *explicarles* a los docentes cómo tienen que hacer las cosas, qué decisiones *pedagógicas* deben tomar, qué enfoque han de dar a las clases, qué contenidos se tienen que impartir y qué organización de la convivencia se debería establecer. Generalmente, la mayoría de los docentes de la pública están acostumbrados a escuchar a todo tipo de madres y padres, y a hacerlo, por cierto, con paciencia y comprensión; pero es verdad que algunos padres *alternativos* recalcitrantes pueden llegar a ser un dolor de cabeza para el centro de enseñanza. Y en la *utopía* escolar de determinados sectores de la izquierda aparece, como proyección de la frustración de tantos progenitores *cargados de razón*, la idealización de la participación de las familias en la escuela, la reivindicación de una *escuela democrática* entendida como una escuela pública asamblearia, dirigida en todos sus procesos por el conjunto de la comunidad educativa y no especialmente por los profesores y profesoras.

La escuela pública es el primer contacto que tiene un niño, un adolescente o un joven con la objetividad, la objetividad que resulta de una enorme pluralidad, que se da tanto entre los alumnos y alumnas (que podrán ser católicos, musulmanes, ateos, de una u otra raza, de una u otra cultura o tradición), como entre los profesores (pues unos serán de izquierdas, otros de derechas, unos homófobos, otros LGTBI, unos creyentes, otros ateos militantes, etc.). La familia, por el contrario, es siempre un lugar propenso al adoctrinamiento y el control ideológico. Su pretensión suele ser extender este adoctrinamiento al mundo de la escuela, algo que los más ricos logran con la escuela privada. Ante ello, hay que responder invariablemente que los padres tienen derecho a educar a sus hijos según sus convicciones ideológicas, pero no a negarles el acceso a la pluralidad, que es la única escuela de la objetividad que conocemos los humanos.

PARTICIPACIÓN... ¿HASTA QUÉ PUNTO?

Esta idea de una escuela penetrada por la sociedad circundante merece una reflexión. Si bien es cierto que los centros públicos y privados concertados han de tener un consejo escolar, también lo es que las que podríamos llamar «competencias pedagógicas» recaen casi exclusivamente en el claustro de profesores y la dirección (esto último, especialmente en los colegios privados). El consejo escolar es un buen invento, sano para la institución, siempre que esté sometido a ciertas limitaciones tanto en sus competencias como en su composición.

La laicidad de la escuela estatal exige que sea extraordinariamente difícil que una mayoría, por ejemplo, ultracatólica en una comunidad educativa imponga una confesionalidad *de facto* en el centro docente. Las familias no deben regir bajo ningún concepto las programaciones didácticas porque son las materias y sus profesores en el ejercicio de la libertad de cátedra quienes han de tener la batuta. El sistema de configuración de las plantillas y cupos de profesores en la educación pública estatal, que sigue vigente a pesar del intento de la *ley Wert* con sus pretensiones mercantilistas de *autonomía de los centros*, garantiza un alto grado de aleatoriedad y la carencia de sesgo ideológico o político en la asignación de puestos. Los profesores y profesoras llegan a los colegios e institutos según sus solicitudes y el orden de puntuación en concursos de traslados y listas autonómicas bastante transparentes, supervisadas por los sindicatos, de modo que nadie en realidad tiene capacidad para orientar en ninguna dirección la composición de un claustro, salvo excepciones relacionadas con la figura de la *comisión de servicios* en situaciones extraordinarias, como sucede con determinados centros de difícil desempeño.

Y lo que vale para la programación de contenidos y las opciones metodológicas ha de servir también para las actividades complementarias (que son, como su nombre indica, *complementarias* del currículo y, por tanto, obligatorias y gratuitas) y extraescolares. En estas últimas puede tener su importancia la iniciativa de las familias y sus asociaciones de madres y padres, pero ha de haber siempre una planificación global y un cuerpo principal de la oferta sostenidos por el claustro y sus órganos internos de coordinación, por mucho que el consejo escolar sea el que, en última instancia, deba aprobar la programación. Estas actividades tienen una importancia crucial en la formación ciudadana de los alumnos y alumnas y son una zona delicada a la hora de definir la laicidad y los posibles sesgos derivados de la composición social de una escuela o instituto y su entorno[10]. De ahí la recalcitrante insistencia de la extrema derecha en la cuestión, aparentemente *menor*, del pin parental y las campañas de difamación de la escuela pública como supuesto nido de rojos y de perniciosos activistas LGTBI con las que sustentan su ridícu-

---

[10] [https://www.eldiario.es/sociedad/instituto-publico-madrid-impuso-pin-parental-charla-lgtbi-ausento-mitad-clase_1_10177810.html].

la pretensión de veto *patriarcal* a las posibilidades de una enseñanza libre y abierta basada en los valores democráticos que se
supone que hemos de asumir todos[11].

Volviendo a los consejos escolares, parece razonable el sistema
español, que establece cuotas de participación diferentes para
cada estamento de los que componen la comunidad educativa,
reservando por lo general una mayoría al profesorado. El consejo
permite que alumnos, familias y personal no docente participen
en la toma de decisiones relevantes para la gestión del centro,
incluida la elección de la directora o director y la supervisión de
los expedientes disciplinarios; sin embargo, la planificación didáctica corresponde en exclusiva al profesorado. En cualquier caso,
es lógico que los docentes, que acarrean la responsabilidad última
del proceso de enseñanza, el cuidado del clima de convivencia del
centro y la protección y custodia de los menores, tengan un papel
fundamental en la toma de decisiones colegiadas acerca del funcionamiento de la institución. No solo son el mecanismo efectivo
del que disponemos para garantizar la pluralidad y laicidad en la
enseñanza estatal, es que sostienen el sistema y su propósito esencial, la formación de los estudiantes en las disciplinas ilustradas.

> Los consejos escolares son una buena idea para la participa-
> ción de las distintas instancias de la comunidad educativa. Pero
> el profesorado es y debe seguir siendo la única garantía de laici-
> dad y objetividad, pues el acceso a las plazas es imposible de
> manipular con preferencias ideológicas.

BASTIÓN AGRIETADO

Ya hemos visto que el espacio de los universales, eso a lo que
aspiramos cuando hablamos de escuela pública, merece ser un
lugar ejemplar y construido sobre firmes bases morales. Esto lo

---

[11] [https://www.telemadrid.es/programas/telenoticias-1/peticion-Vox-
LGTBI-COGAM-Asamblea-2-2139406066--20190712034407.html].

56

convierte en una zona de la sociedad en la que los menores están particularmente protegidos, en un entorno con una encomiable seguridad jurídica y en condiciones de igualdad, que, por cierto, implican necesariamente recursos y acciones para compensar las desigualdades. En medio de una sociedad que se muestra desalmada con demasiada frecuencia con los individuos más vulnerables, el medio escolar es un oasis de estado de derecho y protección de los más jóvenes. Debemos tener claro que hay que fortalecer este bastión agrietado[12] de la cultura letrada en decadencia en medio de una realidad implacable; hay que tener mucho cuidado cuando se habla de integración de la escuela en el medio social circundante. Este es un discurso muy de moda, y está lleno de peligros. Si la escuela es un espacio de pluralidad, laico, el mundo en el que está implantada puede estar sembrado de fanatismos, violencias y relaciones de explotación de lo más variado. Y de intereses comerciales e iniciativas *empresariales* incompatibles por lo general con el espíritu integrador e igualitario de la escuela pública, por no hablar de sus valores democráticos.

Crecen los medios de penetración de la cruda realidad circundante en el medio escolar público. Un ejemplo evidente, del que también hablaremos más tarde en este mismo libro, es la implantación irreflexiva, derrochadora y masiva de determinados medios electrónicos y plataformas de *software* de uso en educación. Las administraciones entregan con excesiva facilidad un volumen extraordinario de valiosos datos de interacciones personales a grandes multinacionales como Microsoft o Google[13] a cambio de una implantación *fácil* de servicios de internet en el aula. Esta es una intromisión de consecuencias aún por evaluar, pero que se intuyen graves, de poderosos intereses privados en el medio público por excelencia. Al mismo tiempo, el uso creciente

---

[12] [https://www.eldiario.es/opinion/tribuna-abierta/obligamos-leer_129_1479270.html].

[13] El informe de la UNESCO «Techonology in Education» [https://www.unesco.org/gem-report/en/technology], afirma que, de 163 productos para la educación de grandes compañías tecnológicas analizados, en el 89% de los casos se producía absorción de datos de los usuarios escolares, muchas veces sin tener en cuenta el no consentimiento de los afectados.

de los móviles, que ya parecen apéndices de los cuerpos de niños y adolescentes[14], y la reciente irrupción de los servicios de conversación en línea con sistemas de inteligencia artificial, suponen una rotura muy inquietante de esa separación de la escuela respecto de la sociedad realmente existente que permite el cuidado y la protección efectiva de los menores; por no hablar de las condiciones de aislamiento de condicionamientos externos y concentración que exige la instrucción en el mundo de los universales, de la cultura letrada, de la razón, en suma.

Muchos centros públicos de enseñanza se convierten, a este respecto, en auténticos campos de batalla. El afán del profesorado más experimentado y consciente lleva a intentar todo tipo de políticas de prohibición o limitación del uso de los teléfonos móviles, pero es una lucha sin cuartel, un poner puertas al campo que resulta arduo de sostener con coherencia en el largo plazo. Aun así, la percepción de lo que está pasando lleva a una resistencia numantina que, afortunadamente, está permitiendo aguantar a duras penas en la defensa de las condiciones elementales para la instrucción pública. De hecho, tras la publicación de los datos del último informe PISA, parece que desde el gobierno se están planteando la posibilidad de prohibir los móviles en los centros educativos[15].

Otra vía de invasión privada del espacio público educativo es el mercado de los libros de texto. Cual visitadores médicos, los vendedores de manuales de las editoriales abruman con muestras gratuitas a los profesores, y a menudo prometen ordenadores personales u otras prebendas de no mucha monta. La presión llega a ser empalagosa, y el gasto de papel, una vergüenza; de escuelas e institutos salen toneladas de libros de muestra gratui-

---

[14] Para la noción del dispositivo electrónico conectado a internet como un órgano, véase Santiago Alba Rico, «Transformación antropológica y paradigma tecnológico», revista *Papeles*, Fundación Hogar del Empleado (FUHEM) [https://www.fuhem.es/papeles_articulo/transformacion-antropologica-y-paradigma-tecnologico/].

[15] [https://elpais.com/educacion/2023-12-13/el-gobierno-propone-restringir-el-uso-de-los-telefonos-moviles-en-los-centros-educativos.html].

ta al contenedor azul cada dos por tres porque los políticos estimulan alegremente el *reciclaje* con las reformas curriculares que no dan ni siquiera tiempo a aguantar los cuatro años que la normativa establece como tiempo mínimo de vigencia de un libro de texto en un centro docente. En la actualidad, las comunidades autónomas financian en mayor o menor medida la compra de libros de texto y el gasto no deja de crecer porque, para regocijo de las editoriales y disgusto de las familias y los árboles, son constantes los cambios legislativos.

Otro mercadillo privado que crece a expensas de la escuela pública es el de las actividades extraescolares, las agencias de viajes especializadas en viajes de fin de curso (con frecuencia, excluyentes por lo caros que resultan para las familias en desventaja económica), las compañías de teatro para alumnos o de visitas guiadas o de montaje de charlas en centros docentes, los fabricantes de polvorones o perfumes para las actividades de alumnos para la financiación de viajes, los chiringuitos de ONG con patrocinios de grandes empresas para impulsar iniciativas tan resultonas como inanes… toda esta maraña de tinglados privados se ha especializado en abrumar de *información comercial* al profesorado y están siempre al quite para intervenir en lo posible en la programación de actividades.

Pero, sin duda, algunas de las intromisiones *exteriores* más preocupantes no tienen que ver con los negocios de algunos, sino más bien con conductas, ideas, aficiones, gustos, influencias que tienden a ser hegemónicas en la sociedad y que contradicen radicalmente las condiciones y valores propios del lugar de los universales. La escuela pública siempre se ha caracterizado precisamente por mantener a raya las influencias del mundo exterior, aun a riesgo de resultar menos *interesante* o más aburrida. De hecho, siempre fue de sentido común entender que hay cosas que son propias, exclusivas, de la escuela, un espacio en cierto sentido *sagrado*, merecedor del máximo respeto. Y que se trata, sin ninguna duda, *de un lugar aparte* donde no se puede esperar estar al día de la más rabiosa actualidad o tratar asuntos de la crónica rosa de la televisión y las redes sociales o pasar el tiempo hablando de lo que a uno realmente le gusta o de lo que quiera que sea en un momento dado la comidilla del pueblo, del barrio, la ciudad o el país entero.

Por si fuera poco, hay otra presión creciente y aún más peligrosa para la escuela pública y su misión filantrópica y política, según defiende el proyecto ilustrado. Junto a la presión privatizadora tenemos la presión *religiosa* de la economía privada. El legislador, demasiado receptivo siempre con las presiones del poder real y las exigencias de legitimación del capitalismo corriente, recientemente ha decidido, de manera simultánea, cargarse la filosofía en la ESO (la asignatura de ética en cuarto) e introducir por tierra, mar y aire toda una serie de asignaturas relacionadas con la *educación financiera* y el *emprendimiento*[16]. Teniendo en cuenta que para la inmensa mayoría de la población, que carece por completo de capital para invertir, buena parte de esos contenidos son casi una burla, hay que decir que estamos hablando de planteamientos básicamente ideológicos (en esencia, *religiosos*) que sintonizan a la perfección con la idea de una escuela *funcional* para la economía. Curiosamente, se disfrazan de saberes útiles materias que forman parte de algo así como la *formación del espíritu empresarial*, con la intención explícita de contar a los menores las excelencias de este sistema económico que sufrimos tanto la inmensa mayoría de los seres humanos como la naturaleza terrestre. Y al mismo tiempo eliminan la asignatura menos *práctica* de todas, precisamente esa cuya única utilidad acaba siendo la de ser capaces de pensar por encima de determinaciones religiosas y que, por tanto, capacita para reírse de las tonterías del *coaching* empresarial. Por lo general, la idea de la escuela como capacitación práctica para el mercado laboral y el emprendimiento es una interferencia que debería ser intolerable… tanto como la absurda pretensión de transmitir solo saberes directamente útiles. La escuela no forma trabajadores y trabajadoras, forma ciudadanas y ciudadanos, lo cual es una cosa bien distinta. Ha de transmitir desinteresadamente el saber racional con todas sus exigencias, no

---

[16] Podemos encontrar una disertación magnífica acerca de estas intromisiones en el capítulo 5 del libro de Alberto Royo: *Contra la nueva educación*, Barcelona, Plataforma, 2016.

el catecismo empresarial y todo el racimo demencial de delirios a él asociados, como el que viene a sostener que se ha de enseñar lo que es útil para la economía, para la formación del que llaman «capital humano»… y cosas por el estilo.

Para terminar, las dinámicas de desigualdad, acoso, marginación u ostentación, junto con los valores clasistas e individualistas tan en boga que las acompañan, tienden a reproducirse *con naturalidad* entre los alumnos y alumnas y dinamitarían el bastión por dentro si no hubiera multitud de profesores y profesoras corrigiendo conductas, enseñando a convivir y aplicando reglamentos. Otro muro relevante es, desde luego, la obcecación docente con seguir enseñando sus materias a toda costa y la defensa que sigue haciendo la mayoría de la sociedad de la necesidad de que la escuela se centre en los contenidos de todos esos saberes supuestamente inútiles.

Tenemos que ser conscientes de la tremenda responsabilidad que implica la defensa de la escuela pública entendida como el último bastión del paradigma letrado. El esfuerzo es grande y no está exento de conflicto, limitaciones y contradicciones. Pero vale la pena. Y cada vez que políticos o empresarios, o personas bienintencionadas de la izquierda, hablan de la permeabilidad entre el medio social y la escuela, hay que ponerse alerta porque les pueden estar haciendo el juego a las fuerzas sociales y los intereses privados enemigos del proyecto histórico ilustrado de escuela pública.

Hay que tener cuidado con el mensaje que nos dice que la escuela debe integrarse en el medio social circundante. Más bien conviene que la escuela y la sociedad estén bien separadas. Por lo mismo que no queremos un «derecho en estado de sociedad», sino una «sociedad en estado de derecho», la escuela, desde primaria a la universidad, no debe estar «al servicio de la sociedad». La sociedad, por el contrario, tiene que estar orgullosa de reservar un espacio para la objetividad, el saber desinteresado, la verdad y la justicia. La escuela no debe convertirse en una fábrica de trabajadores a la medida de las demandas empresariales en un mercado laboral basura. No es una fábrica de capital humano, sino una escuela para formar ciudadanos y ciudadanas. Abrir las puertas de la escuela a la sociedad no es más que ponerla al servicio del mercado. Un síntoma fatal ha sido la sustitución de la asignatura de filosofía por asignaturas orientadas a la formación empresarial o el espíritu de emprendimiento.

LAS TREMENDAS DESVENTAJAS DEL MERCADO PARA LA ENSEÑANZA PÚBLICA

Más arriba ya hemos visto con detenimiento hasta qué punto distorsiona la idea de educación pública el sistema de colegios privados concertados, que introducen serias dinámicas de inequidad y sectarismo contradictorias con el espíritu libre, plural y universalista de la escuela estatal. Pero ya desde los tiempos de la Ley Orgánica de Calidad de la Educación (LOCE, diciembre de 2002), del gobierno de José María Aznar, empiezan a aparecer cosas como la especialización curricular de los centros de secundaria o la idea del distrito único en el que las familias pueden elegir, con ciertas limitaciones, a qué centro estatal o privado concertado llevar a sus hijas e hijos. La idea de *autonomía de los centros* llegó a incluir, como ya hemos visto para la LOMCE, la posibilidad de que los equipos directivos pudieran conformar plantillas de acuerdo con su particular proyecto educativo, de modo que se intentó romper la homogeneidad y, a la vez, pluralismo que propicia el sistema de reparto de los profesores completamente basado en sus méritos y deseos de traslado, y no lo que decida ninguna autoridad política o educativa. Pretendían de ese modo que los centros compitieran entre sí como en un mercado, tratando de seducir a las familias con su oferta educativa... y con las dinámicas inevitables asociadas de segregación a cuenta de los criterios de selección del alumnado que acabarían imponiendo las escuelas e institutos más demandados por su prestigio académico y social.

La presión mercantilista es constante. La potenciación creciente de la privada concertada, de la que ya hemos hablado más arriba, lleva con frecuencia a los centros educativos públicos a tener que *competir* por atraer matrícula, ya que el criterio político (y, nos tememos, hasta judicial[17] mientras los señores del PSOE no se avengan a cambiar la reglamentación general) es el de mantener a toda costa las subvenciones, aun a costa de suprimir unidades en la pública.

¿Qué consecuencias puede tener este sistema de mercadillo educativo en los niveles de instrucción del alumnado? El caso sueco es muy ilustrativo, tal como lo explica Jonas Linderoth, el pedagogo con el que abrimos este libro. En la entrevista en *El Confidencial* citada[18] explica que la conversión del sistema educativo público sueco en un mercado en los noventa a través de la figura del cheque escolar[19] ha derivado en unos resultados desastrosos en el rendimiento académico de los suecos porque, poco más o menos, los profesores se han visto muy presionados para competir por atraer estudiantes, lo cual ha derivado en un sistema que infla constantemente las notas. Los resultados de Suecia en el informe PISA se desmoronaron y para 2012 estaban bastante por debajo de la media de la OCDE, cuando había sido uno de los países punteros hasta antes de la conversión del sistema en un mercado. Porque aquí no solo cuenta la privatización. De hecho, las llamadas *free schools*, que son las escuelas privadas financiadas con fondos públicos, cubren apenas un 18% de la enseñanza obligatoria en el país, muy por debajo del casi 30% de España. La clave de las inesperadas dimensiones del desastre es, sin embargo, el cheque escolar. A cada familia de dan un vale y puede elegir la escuela que le dé la gana para sus hijos. El estado

---

[17] [https://valenciaplaza.com/supremo-desestima-los-recursos-de-la-generalitat-sobre-la-renovacion-de-conciertos-educativos].

[18] [https://www.elconfidencial.com/mundo/europa/2023-03-29/entrevista-jonas-linderoth-profesor-critica-educacion-sueca_3601298/]. Especial importancia tiene el video incrustado en el texto, en el que comenta el sistema del cheque escolar.

[19] [https://givingcompass.org/article/how-well-did-school-vouchers-work-in-sweden]. Véase también, desde la comparación con unos resultados similares del sistema de *charter schools* (escuelas privadas concertadas) del estado de Michigan, en EEUU [https://hechingerreport.org/betsy-devoss-school-choice-ideas-reality-sweden-student-performance-suffered/?utm_source=feedburner&utm_medium=feed&utm_campaign=Feed%3A+HechingerReport+%28Hechinger+Report%29].

pagará los gastos de docencia al colegio que quiera que sea, sin importar su titularidad, lo cual coloca a las escuelas estatales, que son municipales, por cierto, en un sistema tremendamente descentralizado, en la posición de simples competidoras en un mercadillo para ver quién se queda con los cheques de la financiación pública. Este era el sueño húmedo de la derecha española en los ochenta, y los gobiernos de la UCD se movieron en ese sentido, hasta que la LODE, del PSOE, impuso condiciones para que la escolarización se rija por principios que limitan (aunque no eluden por completo) la perniciosa competencia entre escuelas. Afortunadamente. Pero hoy en día ese norte mercantilista sigue guiando las políticas de las fuerzas reaccionarias en nuestro país. Por ejemplo, el sistema de distrito único de la Comunidad de Madrid, que lleva bajo control del PP desde 1995, pretende acercarse al *ideal* sueco, pero se ve limitado por la legislación estatal, que impone determinadas condiciones a la política de conciertos e impide directamente la implementación del cheque escolar porque establece dos sistemas de financiación totalmente distintos para los centros privados y los de titularidad pública.

La mercantilización del sistema es, por tanto, una intromisión inaceptable en el bastión agrietado de la enseñanza pública como espacio regido por y para la razón. Introduce dinámicas que erosionan el propósito fundamental de la instrucción de la población para tener los fundamentos de una sociedad de ciudadanos y ciudadanas libres, verdaderamente mayores de edad. Y dificulta el desarrollo intelectual hasta el punto de que puede llegar, como en el caso sueco, a supeditar el lugar anónimo de los universales a los intereses particulares de las empresas escolares, la necesidad de los profesores de mantener sus puestos de trabajo en las escuelas públicas o la ansiedad de los estudiantes por tener muy buenas notas aunque no las merezcan. De hecho, en Suecia están reculando. La ministra de Educación, Lotta Edholm, ha prometido recientemente una profunda reestructuración del sistema escolar mercantilizado cuyo fracaso ha sido sobradamente reconocido en el país[20].

---

[20] [https://www.infolibre.es/politica/suecia-constata-fracaso-modelo-educacion-concertada-razones-existen-espana_1_1641171.html].

El mayor peligro para la escuela pública es el ideal mercantilista propuesto por la derecha. La idea es proporcionar autonomía a los centros para elegir su orientación educativa (e incluso su plantilla), difuminando así la distinción entre la escuela pública y la concertada. A ello se añade la figura del «cheque escolar», para que las familias puedan elegir el centro más acorde con su ideología. El resultado es que los centros públicos tendrán que competir entre sí para atraer financiación, lo que conllevará un desastre educativo sin precedentes, pues, por un lado se habrá acabado con la garantía de la objetividad que supone el hecho de que la plantilla se forme exclusivamente por el concurso de traslados y los méritos académicos, al margen de toda intromisión política o ideológica; y por otro lado, esta competencia mercantil provocará todo tipo de efectos perniciosos, para empezar, un inflado de las notas para captar más fácilmente nuevos «clientes».

4. Currículo, títulos, convivencia en los centros, atención a la diversidad, evaluación

El milagro del aula

Ya hemos visto que el mero hecho de conseguir que un niño o niña vaya aprendiendo los contenidos de las diferentes disciplinas es muy educativo. Es de las cosas más educativas y transformadoras que hay. Pero, sobre todo, que lo haga en el aula, con los demás, experimentando esa igualdad radical que asoma cuando ya todos hemos conseguido integrarnos en un espacio público en el que habla el conocimiento racional y ante el que podemos llegar a estar todos en pie de igualdad. Lo que integra colectivamente a los niños y niñas en el aula es, sin duda, el saber, la eliminación de distracciones y la superación de dificultades para poder estar todos juntos en ese espacio abstracto de universalidad (y, por tanto, de igualdad) que el aula es capaz de materializar.

Como ya hemos remarcado antes, las condiciones de críos y adolescentes son increíblemente diversas, y muchas influyen muy negativamente en el punto de partida para el aprendizaje. Los niños de clase baja escuchan durante su infancia muchas menos palabras que los de clase alta[1] y su desarrollo lingüístico más deficiente conlleva diferencias importantes en cociente intelectual y facilidades para adaptarse al medio escolar. El sociólogo y lingüista británico Basil Bernstein explicaba, en los años sesenta, que hay una relación crucial entre la clase social y el desarrollo lingüístico, la cual vendría a explicar en gran medida la inadaptación de los hijos de la clase obrera al sistema escolar,

---

[1] [https://www.elmundo.es/vida-sana/familia-y-co/2018/04/09/5ac4b d25268e3e5b478b45ba.html].

al contrario de lo que sucede con los menores de clase media[2]. La lengua de las clases subalternas encaja en el concepto que acuñó como «código restringido», y no solo es una manera de hablar; lleva consigo también una manera de estar en el mundo, relacionarse con los demás y con las cosas, y pensar. La lengua que aprenden los hijos de los trabajadores, según Bernstein, se caracteriza por su pobreza léxica y sintáctica y su incapacidad para expresar a través del significado y las palabras lo que el individuo siente en particular. Es un lenguaje muy *formular*, estereotípico, en el que los elementos de carácter no verbal que rodean la expresión verbal son los verdaderos responsables de la transmisión de la subjetividad del hablante. El código restringido está asociado a la experiencia sensible más directa y a una relación con el mundo basada en lo concreto, en lo inmediatamente percibido, sin hacer grandes proyecciones de futuro o consideraciones estructurales. Con las palabras se dice más bien poco: son más importantes los gestos y los hechos.

Sin embargo, el «código elaborado» característico de las clases medias y la burguesía lleva consigo una cultura de la expresión exhaustiva de la subjetividad a través del significado de las palabras, no del gesto o las señales relativas al estado de ánimo. Es un lenguaje mucho más culto y preciso, que encubre una relación con el exterior del individuo muy basada en la comprensión de estructuras y la proyección de ideas, proyectos, expectativas en el tiempo. El código elaborado es mucho más rico en léxico y estructuras sintácticas, así como mucho menos estereotipado y mucho más creativo. Los niños y niñas criados en un entorno de *código elaborado* tienen la ventaja de que también pueden dominar con facilidad el restringido, dependiendo de la situación de habla. Sin embargo, los que medran en un ambiente en el que la comunicación humana es mucho más no verbal y predomina el código restringido están en desventaja a la hora de expresar con las propias palabras, sin

---

[2] Elisa Usategui Basozábal, «La sociolingüística de Basil Bernstein y sus implicaciones en el ámbito escolar», *Revista de Educación* 298 (1999), pp. 163-197.

aditamentos no verbales, sentimientos, o de formular y comprender conceptos complejos.

Lo cierto es que el medio escolar es claramente una zona de código elaborado, y no podría ser de otra manera sin destruirla por completo. Paradójicamente, ha resultado ser la institución que ha conducido a un progreso intelectual impresionante entre los hijos de la clase obrera. Es cierto que las determinaciones que Bernstein trató de sistematizar, a nuestro juicio con gran acierto cuando colocó en primer plano el desarrollo lingüístico, siguen marcando una ley de plomo en las estadísticas educativas. Hay un claro sesgo de clase social en el fracaso escolar[3]. Sin embargo, también es cierto que no son pocos los estudiantes de los estratos socioeconómicos bajos que llegan a la universidad y consiguen superar esas determinaciones de clase en el desarrollo intelectual. Con un sistema educativo con falta de medios humanos y materiales para cumplir adecuadamente su función y atender como es debido a los alumnos más necesitados, y con la carencia endémica de recursos del Estado para combatir la pobreza y la exclusión social que ya hemos comentado más arriba, aun así, según datos del Alto Comisionado para la Pobreza Infantil del gobierno de España, un tercio de los estudiantes que parten de las posiciones sociales más desfavorecidas desde el punto de vista educativo consiguen alcanzar un nivel alto de formación y la cuarta parte consiguen un nivel formativo medio[4]. La educación no es el gran ascensor social del que algunos han presumido siempre y es evidente que las desigualdades de partida propician tremendas desigualdades en los resultados. Pero que, a pesar de las dificultades, un tercio de los hijos de las familias de escasa formación lleguen a la universidad año tras año y que otra cuarta parte sean capaces de superar el grado de formación de sus padres y alcancen un nivel medio son hechos que han transformado profundamente la sociedad. Hay que tener en cuenta que

---

[3] [https://www.rtve.es/noticias/20220914/fracaso-escolar-chicos-renta-baja/2402047.shtml].

[4] [https://catalunyaplural.cat/es/la-educacion-falla-como-ascensor-social-en-espana/].

los efectos son acumulativos: el tránsito de los miembros de una familia a un nivel superior de formación tiene repercusiones futuras de largo alcance. Según la fuente citada, un 61% de los hijos de padres con formación media alcanzan un nivel de estudios alto, y solo un 10% se queda en niveles inferiores a los de sus progenitores. Cuando el nivel de estudios de los padres es alto, el 75% de los hijos llegan a ese mismo nivel, un 18% desciende al medio y se quedan en el bajo apenas el 7%.

Creemos que estos datos pueden ayudarnos a entender la importancia de lo que hemos llamado «el milagro del aula». Sospechamos que para producir tan importante transformación social ha tenido que bastar con tener aulas y profesores, con frecuencia en condiciones precarias. En España basta con eso para que por lo menos un tercio de los hijos de la clase obrera lleguen a titular en la universidad. ¿Qué pasaría si enriqueciéramos las plantillas y redujéramos las ratios, si mejoráramos instalaciones y servicios de apoyo vespertino, si en vez de reducir la inversión en educación compensatoria la aumentáramos para cumplir con las verdaderas necesidades? Muchos profesores hemos tenido la posibilidad de admirar el esfuerzo de alumnos y alumnas que, en unas condiciones extraescolares peor que lamentables, han conseguido sacar adelante su carrera académica y han introducido, así, cambios importantes a mejor en su familia y su entorno social. Y también conviene saber que ese 24% de estudiantes que tienen padres con niveles bajos de formación y consiguen alcanzar niveles medios multiplicarán por dos las probabilidades de que sus descendientes alcancen niveles altos. Hay muchos estudiantes que consiguen, a pesar de sus orígenes desfavorecidos, el graduado en ESO y sacar adelante un ciclo formativo de formación profesional de grado medio, por ejemplo. Seis de cada diez descendientes de este tipo de estudiantes conseguirá llegar a la universidad.

Así, en 2001, según datos del Instituto Nacional de Estadística (INE), el 59,6% de la población española no había pasado de la primera etapa de la educación secundaria (el equivalente al graduado en ESO). Ese porcentaje se redujo al 46% en 2011 y al 36,1% en 2021. En 2001, solo el 16,6% había conseguido completar la secundaria posobligatoria preuniversitaria sin llegar a completar los estudios superiores; en 2011 ya era un 22,1% y en 2021, un 23,2%. En 2001, un 23,7% de la población había concluido estudios superiores; en 2011 ya era un 31,9% y en 2021, un 40,7%[5]. Estos datos corroboran una transformación histórica que nos habla de las posibilidades *revolucionarias* reales de la escuela. Y pasan específicamente por las aulas tal como las hemos entendido siempre. Este gran cambio cultural se ha fraguado en ellas, en la búsqueda en común de ese espacio anónimo de encuentro de los intelectos en el lugar de los universales del que hablaba Sánchez Ferlosio.

> La escuela no ha logrado ser el ascensor social que le correspondería, pero tampoco es cierto que haya fracasado por completo en este cometido. Más bien hay que hablar de que, teniendo en cuenta la precariedad de las condiciones y la falta de presupuesto adecuado, la escuela logra todos los años un verdadero milagro, al conseguir que una cantidad creciente de jóvenes asciendan de nivel educativo respecto al de sus padres y familiares.

La formación y selección del profesorado y el *fracaso* del sistema

De modo que habría que matizar el frecuente discurso catastrofista sobre el *fracaso* de la escuela pública en su función social, que suele estar frecuentemente unido a la pretensión de que sea un factor clave en la reducción de la desigualdad social. Políticos y pedagogos hablan de la escuela pública como si efectivamente fuera capaz de acabar con la desigualdad social… sin tener casi nunca en cuenta que lo esencial para reducir la desigualdad son las políticas económicas y sociales, particularmente cicateras en España a la hora de garantizar ingresos mínimos y redistribuir la renta. Se habla de cómo la escuela perpetúa la desigualdad, cuan-

---

[5] [https://www.educacionyfp.gob.es/mc/redie-eurydice/sistemas-educativos/contexto/nivel-formacion-poblacion-adulta.html].

do, en realidad, es el sistema económico y social el que lo hace. La escuela, en todo caso, introduce un factor importante de cambio cultural y estímulo en la movilidad social, si bien fenómenos como el subempleo o los retrocesos en derechos y retribuciones en el mercado laboral que afectan sobre todo a los más jóvenes muestran que no basta con la formación para hacer verdaderamente efectiva una reducción de la pobreza y la desigualdad social. La escuela pública está haciendo su trabajo a pesar de sus carencias; es muy, muy mejorable, pero al mismo tiempo es también casi un milagro que persista y cumpla en buen grado sus funciones en estos tiempos de rebrote neoliberal y autoritario que pone a los servicios públicos en el alambre.

Los discursos sobre el presunto fracaso del sistema de enseñanza a la hora de acabar con la desigualdad y formar *integralmente* a generaciones de personas maravillosas que van a cambiar el mundo llevan casi siempre aparejada una descalificación de la profesión docente. Esas presuntas fallas terribles del sistema, que *expulsa* a los menores en situación de desventaja social y que forma ciudadanos y ciudadanas con valores e ideas que no nos gustan, se atribuyen con enorme facilidad a la supuesta formación pedagógica deficiente del profesorado y a la falta de innovación. Y, también, al sistema de selección del personal funcionario, que se considera anquilosado, demasiado centrado en los conocimientos teóricos de las disciplinas. Sobre este tipo de argumentaciones, nos gustaría decir varias cosas:

Primera: en un sistema público de profesoras y profesores funcionarios seleccionados por tribunales de profesores elegidos por sorteo, dentro de un entramado organizativo y jurídico urdido para que la libertad de cátedra sea un derecho efectivo y no una hueca proclama más de la constitución, el hecho de que haya *malos* profesores es un peaje que se ha de pagar para que pueda efectivamente existir la libertad de enseñanza, el laicismo y la pluralidad en la escuela pública. Para empezar, es muy difícil establecer qué es un *buen* o *mal* profesor. No se puede pretender que haya un consenso social al respecto ni se puede dictar una ley que aclare algo así. Se deben poner límites a lo que los docentes podemos hacer o dejar de hacer en clase y se han de exigir unos mínimos de control del aula y de trabajo con los contenidos curriculares. Se ha de evaluar la labor de los profesores y profesoras para estimular la reflexión sobre la propia práctica, pero no se puede juzgar a los docentes por los porcentajes de aprobados o por encuestas respondidas por los estudiantes o sus familias. Hay que tener mucho cuidado con esto, porque los alumnos y alumnas, sobre todo a partir de ciertas edades, son perfectamente capaces de censurar a un profesor por sus ideas o por el nivel de exigencia que pueda querer imponer en el aula. Por supuesto, se ha de atajar cualquier atisbo de abusos o malos tratos lo antes posible, así como la manifiesta incompetencia, que se observa fundamentalmente en la capacidad para tener la situación del aula bajo un mínimo control. Pero el abanico de posibles prácticas docentes es tan variado y las opiniones al respecto, tan cambiantes, que resulta de todo punto arbitrario generar un criterio al respecto que pretenda ser objetivo. Ese es el precio de la libertad, la posibilidad de que se haga con la plaza de funcionario un profesor o profesora que nunca nos gustará por su forma de enfocar la enseñanza o por sus ideas políticas o los chistes ridículos que se empeña en contar en clase. A cambio siempre tendremos la posibilidad de dar con otro u otra docente mucho más de nuestro agrado o que, siendo a priori muy *malo* o *mala*, acabe convirtiéndose en un referente moral o intelectual para nosotros durante todo el resto de nuestra vida. Y si son así las cosas, mucho ojo con los procedimientos de selección; el conocimiento de la teoría es lo que resulta claramente más objetivable, porque todo lo demás permite un abanico tal de opiniones e interpretaciones que puede acabar siendo mucho peor el remedio que la enfermedad. ¿Quién puede juzgar sin arbitrariedad en una oposición si un aspirante será un *buen* profesor? Lo que sí podremos determinar es cuánto sabe de matemáticas, lengua o inglés, por decir alguna de las disciplinas. Y, si nos apuran, qué tal conoce las leyes vigentes y sus planteamientos pedagógicos. Pero siempre ha de haber un componente de azar y ventura la selección del profesorado funcionario que exige una escuela verdaderamente laica y plural.

Segunda: no nos cansaremos de decir que, en general, no se puede responsabilizar al profesorado de la *expulsión* de determinados alumnos del sistema de enseñanza. Si se ha de enseñar, hay determinados comportamientos que son completamente incompatibles con las exigencias mínimas del acceso al conocimiento. En todo caso, habría que decir que es la crueldad del sistema social la que genera muchas incompatibilidades con lo que la escuela exige y necesita. Es seguro que, en muchos casos, las cosas no se hacen de la mejor manera posible para intentar mantener a determinados alumnos en el sistema escolar para que acaben llegando a buen puerto. Pero, por lo general, lo que realmente sería necesario para lidiar con muchas de estas situaciones se halla fuera del alcance del profesor o profesora mejor intencionado. Ni se nos puede exigir que seamos héroes ni pretender que nos convirtamos en algo así como *educadores sociales*. Quizás haría falta que las administraciones públicas invirtieran muchos más recursos en este tipo de profesionales para, con el adecuado respaldo económico y social, intervenir *extraescolarmente* en la batalla contra la exclusión social. Y lo que no es de recibo bajo ningún concepto es que, por mor de la integración social de determinado alumnado, renunciemos a la instrucción en los conocimientos ilustrados. Esto sí que no. Y por este agujero es por donde acaban atacando el problema los políticos supuestamente progresistas que siguen comulgando con el *austericidio* neoliberal y la privada concertada mientras cantan loas a la inclusión educativa.

Tercera: la insistencia plomiza en la supuesta formación pedagógica deficiente del profesorado de secundaria como fuente de los supuestos males de la enseñanza pública llevó, hace ya más de quince años, a la sustitución del Curso de Aptitud Pedagógica (CAP), nada caro y de pocos meses de duración, por un máster de un curso completo impartido también por las facultades de Educación. El CAP había sido siempre un mero trámite y parecía que había que hacer un gran esfuerzo para incrementar la formación pedagógica de los docentes de secundaria como vía para resolver los acuciantes problemas que, según se argumentaba, dependían precisamente de la falta de formación de los docentes. Sin embargo, la realidad ha demostrado que las facultades de Pedagogía no han hecho nada de nada para cambiar la situación o mejorar la docencia. El efecto de otorgarles mayor protagonismo en la

74

formación de los profesores de secundaria ha sido alargar y encarecer el mero trámite... y poco más. Por ejemplo, en el *Informe de Evaluación Transversal del Máster Universitario en Formación del Profesorado de Educación secundaria y bachillerato, Formación Profesional y Enseñanza de Idiomas* (MUFP), publicado por la Agència per a la Qualitat del Sistema Universitari de Catalunya (AQU) en 2021, en medio de una pila de tecnicismos y valoraciones con aroma de autobombo, se afirma: «Contrariando en parte esta valoración, la satisfacción global con la formación recibida en los MUFP no supera el aprobado, situándose por debajo del resto de los másteres. Las prácticas externas constituyen el ámbito formativo mejor valorado, superando la valoración que recibe cualquier otro aspecto en los demás másteres»[6]. O sea, que cuando preguntaron a los estudiantes de los másteres que sustituyen al CAP de las siete universidades públicas catalanas y de dos privadas, la respuesta cuestionaba los contenidos mismos de estos estudios. Curiosamente, los estudiantes valoraron muy positivamente las prácticas en los centros docentes, precisamente la parte de la formación que no depende directamente de las facultades de Educación. ¿Se forman profesores en las facultades de Educación? En el informe citado, son los empleadores de egresados del máster los que afirman que más bien no, que no les llegan profesores que manejen bien las clases y sepan hacer bien su trabajo desde el principio. Y esto es natural: los docentes sabemos que la experiencia es un grado y que hay personas a las que se les da mucho mejor este trabajo que a otras, y no precisamente porque hayan estudiado más pedagogía. Lo fundamental de dar clase se aprende dando clase, reflexionando individual y colectivamente y compartiendo experiencias con personas más veteranas que te pueden orientar de manera práctica y directa hacia un estilo de docencia u otro. Por lo general, los compañeros y compa-

---

   [6] *Informe de Evaluación Transversal del Máster en Formación del Profesorado de Educación Secundaria y Bachillerato, Formación Profesional y Enseñanza de Idiomas*, Barcelona, Agència per a la Qualitat del Sistema Universitari de Catalunya (AQU), 2021 [https://www.aqu.cat/es/Estudios/Informes-de-los-procesos-de-evaluacion/Titulaciones/Informes-transversales].

ñeras de secundaria más jóvenes suelen entender que el máster se lo podrían haber ahorrado, y no suele ser muy buena la opinión sobre los cursos de formación permanente que hacemos para juntar puntos para oposiciones, sexenios o traslados. La Fundació La Caixa afirma en una de sus notas de actualidad que hay muy poca investigación científica sobre la formación permanente del profesorado, y la que hay no resulta nada concluyente (más bien muestra la irrelevancia de la formación recibida en la práctica docente)[7]. En 2015, la *Revista de Estudios e Investigación en Psicología y Educación* publicó un estudio sobre los resultados de la formación permanente del profesorado en Galicia. Ahí, en las conclusiones, se afirma, tras revisar los cuestionarios de evaluación de miles de participantes en actividades de formación, que «se insiste en una desconexión entre las explicaciones recibidas por parte de los docentes en los cursos de formación, y su aplicabilidad en el aula»[8]. Exactamente lo que respiramos en la realidad cotidiana muchos de quienes acumulamos miles de horas de cursos con el transcurso de los años.

Cuarta: la innovación no tiene por qué ser, en sí, buena. Que un procedimiento sea innovador no lo hace ni mejor ni peor. Y lo mismo sucede con los métodos más antiguos. Hay que ser muy arrogante para descalificar *a priori* la mayéutica o las lecciones magistrales que han formado a tantísimas personas a lo largo de miles de años… ¡solo porque son formas *muy antiguas* de actuar! El hacer cosas nuevas no es ninguna panacea; de hecho, con frecuencia resulta perjudicial. Muchos profesores hemos intentado ser muy innovadores y nos hemos dado cuenta de que innovar por innovar no tiene ningún sentido. De hecho, desde el mundo de los estudiosos del cerebro surgen voces que afirman que la vieja pizarra y el profesor de toda la vida son muy beneficiosos

---

[7] [https://educaixa.org/es/-/evidencia/la-formaci%C3%B3-cont%C3%ADnua-docent-precisa-evid%C3%A8ncies-d-impacte].

[8] José Domínguez, Jesús Calvo y Elia Vázquez, «Evaluación de la formación permanente del profesorado: enfoque de resultados», *Revista de Estudios e Investigación en Psicología y Educación* 2, 1 (2015), pp. 11-18 [https://revistas.udc.es/index.php/reipe/issue/view/9].

desde el punto de vista del desarrollo cognitivo[9]. La innovación pedagógica se relaciona tremendamente, por cierto, en nuestros días, con el uso de las TIC para el aprendizaje, cada día más puesto en duda, como desarrollaremos más adelante en este libro. El entusiasmo de las autoridades educativas al respecto contrasta con el creciente escepticismo del profesorado y la bibliografía científica que pone en duda las supuestas virtudes de un enfoque de la enseñanza basado en los cacharros tecnológicos y la transformación del papel del profesor en el de mero *acompañante* en el *autoaprendizaje* de los alumnos a través de las pantallas con aplicaciones personalizadas. Este es el objetivo último del enfoque DUA que, por cierto, está tan falto de pruebas científicas sobre su presunta efectividad que, en sus «Pautas sobre el Diseño Universal para el Aprendizaje (DUA)», el CAST (en inglés, Centro para la Tecnología Especial Aplicada), organismo privado norteamericano creador y propagador del DUA, afirma, tras apoyar sin citas o referencias concretas los preceptos del método que patrocinan en supuestas investigaciones en el ámbito de la neurociencia, las ciencias de la educación y la psicología cognitiva, que «en cuarto lugar, están las investigaciones sobre aplicaciones específicas del DUA en los entornos de aprendizaje, incluyendo las condiciones necesarias para la implementación, las barreras más comunes y aportaciones desde la práctica. Esta nueva área de investigación está en sus primeras etapas, pero tendrá un lugar más destacado a medida que se desarrollen aplicaciones e implementaciones del DUA a gran escala en los currículos del sistema educativo en su conjunto. Cabe señalar que esta es otra área en la que animamos intensamente a que se produzcan contribuciones desde el ámbito de la investigación de la práctica»[10]. Vamos, que

---

[9] El profesor Manfred Spitzer, autor del imprescindible *Demencia digital. El peligro de las nuevas tecnologías* (Barcelona, Ediciones B, 2013) ha abundado largo y tendido en esto. Es archiconocida en medios docentes la entrevista que le hicieron en *La Vanguardia* el 21/10/2016 [https://www.lavanguardia.com/lacontra/20161022/411206688578/moviles-y-ordenadores-en-las-aulas-dificultan-el-aprendizaje.html].

[10] CAST (2011). *Universal Design for Learning Guidelines version 2.0*, Wakefield, MA [ed. cast.: version 2.0. (2013), modificado según la versión

los mismos promotores del invento reconocen que no hay pruebas científicas que demuestren la efectividad del enfoque en el aprendizaje de los alumnos y alumnas. En realidad, algunos de los trabajos de investigación pedagógica más solventes y rigurosos, como el metaestudio gigantesco de John Hattie (2009), señalan que las *innovadoras* ideas que se están tratando de convertir en hegemónicas en la actualidad en nuestro país con la LOMLOE, tales como la del profesor *acompañante* de una especie de *autoaprendizaje*, los métodos más prácticos e inductivos o el uso intensivo del *software* para *personalizar* el proceso de enseñanza-aprendizaje muestran efectos positivos en el aprendizaje muy por debajo de la media. Sin embargo, el profesor experto que dialoga con sus alumnos, los guía y practica una instrucción activa obtiene unos resultados excelentes[11].

Así que, por un lado, hay que relativizar el *fracaso del sistema educativo*, que es, en todo caso, un fracaso de una sociedad, la española, que se encuentra entre las de mayor desigualdad de Europa[12]. Hay dudas más que razonables a la hora de atribuir ese supuesto fracaso a la falta de formación pedagógica del profesorado, al sistema de selección de los docentes funcionarios o a la falta de innovación educativa. Por el contrario, la experiencia sueca de la que hemos hablado antes y un cúmulo creciente de publicaciones científicas nos advierten de los peligros de insistir en la vía que precisamente ha decidido tomar el gobierno de España en la organización de la política educativa. Y tenemos que insistir en que *lo mejor es enemigo de lo bueno...* El sistema de selección actual del profesorado, basado en gran parte en exámenes sobre conocimientos objetivables que evalúan tribunales de profesores elegidos por sorteo, garantiza con bastante solvencia

---

2018 de las Pautas publicadas por CAST (https://www.educadua.es/doc/dua/CAST-Pautas_2_0-Alba-y-otros-Actualizado%20versio%CC%81n-2018.pdf)].

[11] John Hattie, *Visible learning. A synthesis of over 800 meta-analyses relating to achievement*, Londres, ²2013.

[12] [https://www.eapn.es/actualidad/1630/espana-cuarto-pais-de-la-union-europea-con-mas-personas-en-situacion-de-pobreza-o-exclusion-social].

la libertad de cátedra y la imposibilidad de que ningún gobierno o grupo de poder pueda controlar la selección de docentes. ¡Mucho cuidado con lo que se toca de un procedimiento hasta ahora tan práctico como razonable!

No se puede considerar un fracaso educativo lo que, en realidad, es un fracaso de la sociedad. Y lo más delirante que se puede hacer es considerar que el fracaso de los alumnos se debe especialmente a la «falta de formación pedagógica del profesorado». La selección de los docentes debe basarse en una receta que ya está inventada, oposiciones públicas con tribunales elegidos por sorteo, que evalúen preferentemente conocimientos, pues esto es lo único que es objetivable, ya que no hay manera de decidir legislativamente lo que es o será un «buen profesor». La intervención en este proceso de las facultades de Educación, primero en el antiguo CAP y ahora en el Master de Formación del Profesorado, no resiste la menor evaluación por parte de los egresados y ya es hora de reconocerlo de una vez por todas. Hay cosas que ya están inventadas y bien inventadas y respecto a las que no conviene ser demasiado imaginativo proponiendo innovaciones. Innovar por innovar no tiene ningún sentido. Así ocurre con algunas cosas eternas que jamás deberían quedarse anticuadas, como, por ejemplo, un profesor con una tiza explicando en una pizarra, o un sistema de oposiciones públicas (en lugar de la deliberación de las comisiones a puerta cerrada o de los rankings de méritos elaborados por empresas privadas para la evaluación de *papers*).

REPETIR CURSO

José Manuel Bar Cendón, secretario de Estado de Educación, en la sonrojante entrevista en el diario *Público* que citamos más arriba[13], hace suyas las recomendaciones del informe de 2012 de

---

[13] [https://www.publico.es/sociedad/secretario-educacion-repetir-curso-carisimo-absolutamente-ineficaz.html].

la OCDE «Equidad y calidad en la Educación»[14], en el que se plantea como recomendación número uno para reducir el fracaso escolar la eliminación de la repetición de curso. Bar Cendón utiliza exactamente los mismos argumentos que el informe, a saber: la repetición de curso es «carísima y absolutamente ineficaz». El informe dice que repetir curso es «caro y a menudo inefectivo», produce estigmatización y acoso, pérdida de autoestima y un aumento de las probabilidades de abandono escolar. En sus *razonamientos*, el informe confunde todo el rato causa probable con consecuencia: la mayoría de los alumnos y alumnas que repiten provienen de una situación social de desventaja, ergo la repetición incrementa la desigualdad social. En concreto, se puede leer que «la retención en el curso ensancha las desigualdades porque la proporción de estudiantes de clases desfavorecidas entre los que se quedan atrás es mayor». El informe asocia también de manera sistemática una mayor tasa de repetición de curso con una mayor tasa de abandono escolar, aunque no lo corrobora con datos concretos más allá de la cita de un artículo de 2006, y sabemos que esta es una consideración habitual en los estudios sobre esta cuestión. Sin embargo, si miramos la relación de las tasas de repetición con las de graduación en secundaria en España por comunidades autónomas, nos encontramos con que en el País Vasco y Aragón el porcentaje de graduación en ESO es más alto de lo que les correspondería según sus tasas de repetición y, al revés, Cataluña y Castilla-La Mancha tienen tasas de graduación más bajas de lo que les correspondería por sus tasas de repetición[15]. En cualquier caso, estamos ante lo que la investigación en políticas públicas denomina un «problema perverso»[16] y, si hablamos con

---

[14] [https://www.oecd.org/education/school/50293148.pdf].

[15] Carlos Magro, «Algunos datos sobre repetición», *El Diario de la Educación*, 12/4/2023 [https://eldiariodelaeducacion.com/2023/04/12/algunos-datos-sobre-repeticion/#_ftnref1].

[16] Francesc Pedró García, «Sobre las dificultades de incorporar las evidencias comparativas internacionales en la formulación de políticas educativas. Lecciones que el sector de la educación podría aprender de la ciencia política», *Revista de Educación del Ministerio de Educación y Formación Profesional* 400 [https://recyt.fecyt.es/index.php/Redu/article/view/97171/72326].

rigor y sin demasiados prejuicios, es difícil establecer como prioridad política absoluta, con la rotundidad con que lo hace el informe de la OCDE, el acabar a toda costa con la repetición de curso.

Uno de los problemas que encuentra el informe de la OCDE para la implementación de la política de cero repeticiones de curso es lo que denomina «la cultura», que sería lo que explicaría por qué no hay una relación directa entre las políticas públicas contra la repetición y una reducción drástica efectiva en determinados países. Nosotros, los profesores y profesoras, podríamos ser, entonces, parte de esa «cultura» que, a pesar de la presión de las administraciones, impide que, aun habiéndola reducido mucho, la tasa de alumnos repetidores en la ESO en España deje de ser de las más altas de Europa. Muchos consideramos que es un recurso legítimo que se ha mostrado útil en muchos casos. Lo observamos por experiencia, en el día a día. No hacemos repetir curso a los alumnos y alumnas para «castigarlos», sino porque es la mejor alternativa disponible para que puedan engancharse de verdad al funcionamiento de la clase de un determinado nivel. Quizás es porque seguimos creyendo que las clases deben funcionar a un nivel más o menos determinado según cada grado del sistema, y que el profesor o profesora enseña *a un grupo* y no a un conjunto heterogéneo de individuos con actividades adaptadas a cada uno de ellos. Si ese es el *cambio cultural* que promueve la OCDE, y así lo defiende con vehemencia Bar Cendón en la citada entrevista, entonces sí tiene sentido anular la repetición de curso… que será paralela a la destrucción completa de la escuela ilustrada que instruye intelectualmente a los estudiantes en las disciplinas de la razón.

De modo que, si continuamos suponiendo que estar en un nivel educativo implica llegar a adquirir unos conocimientos mínimos y funcionar como colectivo que se encuentra en el territorio de los universales, se ve rápidamente que tiene poco sentido la idea de que el chico o chica que no ha llegado a saber lo suficiente como para seguir adelante en la progresión del conocimiento por cursos pueda reconectar con el resto con un «programa de refuerzo». La repetición de curso se ha relacionado hasta ahora con estar suspenso en tres o más materias, porque se entiende que duplicar el trabajo en tres o más materias para alcanzar los conocimientos mínimos y, al tiempo, engancharse a los nuevos contenidos resulta muy excesivo para un estudiante que no ha sido capaz de sacar adelante el curso anterior. Si un alumno o alumna tiene que superar tres o más materias pendientes del curso anterior, ¿cómo va a ser capaz de sacar adelante las del curso presente? Claro que es «caro» repetir curso, pero eso no es algo en lo que debamos poner ninguna atención cuando se trata de un servicio público. La cuestión es que el estudiante que repite tenga verdaderamente la ocasión de aprender y terminar la escolarización con una instrucción suficiente, aunque sea uno o dos años más tarde.

En última instancia, la cuestión no es baladí. Se trata de determinar qué es, en realidad, una instrucción suficiente y un «curso» en la escolarización obligatoria y post-obligatoria. Los pedagogos que sustentan las pretensiones de la reforma educativa en curso, la dichosa LOMLOE, nos están intentando hacer tragar en última instancia con la idea de que lo que define el nivel a alcanzar y en concepto de curso es, exclusivamente, la edad de los alumnos. Sin embargo, la mayoría de los profesores vemos los «cursos» como grados, niveles, de instrucción en los conocimientos mínimos. Suele haber una fuerte correspondencia entre la edad de los estudiantes y esos niveles de complejidad en los contenidos, pero siempre puede haber excepciones tanto por arriba como por abajo. No descartamos la idea de que determinados estudiantes especialmente dotados puedan adelantar al resto e integrarse en cursos superiores a los que les corresponderían por edad. Y tampoco la contraria: puede haber personas que, a cuenta de diferentes dificultades, necesiten desempeñarse en un grado inferior de desarrollo de los conocimientos. Lo que está claro es que si entendemos los cursos como simples grupos de edad y retiramos los contenidos de la ecuación, no habrá otro remedio que romper lo que antes hemos llamado «el milagro del aula» y perderemos muchas cosas, empezando por el papel del profesor o profesora que explica a sus alumnos, por no hablar del conocimiento en sí, cuya transmisión se verá seriamente comprometida. El aula acabará por convertirse en un almacén de *particularidades* y faltará lo esencial para aprender, que es el silencio de los individuos y dejar que en todos ellos hablen los conceptos, las ideas que nos permiten pensar racionalmente el mundo. Cada uno se quedará con su ordenador y su *software* adaptado y *tuneado* según sus gustos personales, tal como preconiza el DUA, y la clase será una prolongación de la burbuja de ego en que se convierte la experiencia con los dispositivos electrónicos conectados a las redes sociales y los servicios de *feed* de internet. Triste papel, entonces, el del profesor o profesora, convertido en ese mero *acompañante* del que habla Bar Cendón en la entrevista citada anteriormente... Se lleva así hasta el límite lo que empezó a vislumbrarse con el planteamiento pedagógico basado en el supuesto autoaprendizaje por descubrimiento, de resultados más que dudosos como demuestra la investigación pedagógica mínimamente rigurosa[17].

> Los cursos no son grupos de edad, sino niveles de acceso al conocimiento. Eso requiere una cierta uniformidad, las clases no pueden convertirse en un almacén de particularidades. Repetir curso no es una tragedia ni un castigo, sino una manera de salvaguardar esta función de la escuela. La otra concepción, la que preconiza el DUA, convierte al profesor en un mero «acompañante» o «entrenador» de unos alumnos que permanecen encerrados en una burbuja autista, frente a la pantalla de su ordenador, cada uno de ellos siguiendo su propio ritmo educativo. Esta no es la escuela que queremos defender.

LA ATENCIÓN A LA DIVERSIDAD

Nos contaba no hace mucho una profesora que M., una niña de catorce años con un nivel de primero de primaria escolarizada en secundaria, de vez en cuando se pasa el recreo mirando, em-

---

[17] Un estudio clave a este respecto es *Why Minimal Guidance During Instruction Does Not Work: An Analysis of the failure of Constructivist, Discovery, Problem-Based, Experiential, and Inquiry-Based Teaching*, de Paul Kirschner, John Sweller y Richard E. Clark [https://www.tandfonline.com/doi/pdf/10.1207/s15326985ep4102_1].

belesada, a los niños chicos de la guardería colindante con el instituto. Se la ve ahí, solita, pegada a la valla, ajena por completo al mundo de los adolescentes ruidosos que la rodean. M. es una niña que bien podría estar en un colegio especializado, así lo recomendó la orientadora, pero su familia prefiere tenerla *cerca*, aún la ven «pequeña» para que viva en una comunidad en la que a buen seguro encontraría muchas otras personas con las que lograr la integración que no tiene en el IES. Desde un punto de vista de desarrollo cognitivo, con los recursos que proporciona el gobierno autonómico es prácticamente imposible ni acercarse a las posibilidades que ofrece el centro especializado de la capital. Es más, el equipo docente del instituto sabe que atender a esa niña de esas capacidades absorbe muchos recursos humanos que precisamente no sobran, porque las necesidades de apoyo son inabarcables con los escasos medios disponibles en el IES.

El caso de M. plantea algunas cuestiones importantes sobre la atención a la diversidad en los centros docentes ordinarios. La primera es qué entendemos por «integración». ¿Es el mero hecho de compartir el aula? Lo cierto es que, si hablamos de mayor o menor integración de los alumnos que conviven en una clase, sabemos que el mero hecho de que estén todos juntos no tiene por qué conllevar integración alguna. La integración tiene que ser algo más. Hay, cuanto menos, dos maneras de entenderla más allá del hecho banal de estar en el mismo espacio físico. Por un lado, la integración *académica*; por otro, la *social*. En el caso de M., es evidente que, en el IES, no disfruta realmente de ninguna de las dos, aunque eso no quiere decir que no sea una niña feliz. Quienes la conocen aseguran que está casi siempre contenta, por muy aislada que esté. En apariencia, le bastan pocas interacciones, aunque sean casi siempre con adultos que, básicamente, la cuidan.

¿En qué consiste, entonces, la integración académica? En una escuela ilustrada[18], está directamente relacionada con el en-

---

[18] Una muy interesante disertación sobre qué papel tiene la herencia de la Ilustración en los sistemas educativos modernos y qué entendemos por escuela ilustrada se puede encontrar en *El fin de la educación. La escuela que dejó de ser*, de Xavier Massó Aguadé, Madrid, Akal, 2021.

cuentro de todos en el mundo de la razón y sus universales, siguiendo lo que explica Sánchez Ferlosio en el artículo que hemos citado unas cuantas veces más arriba; es decir, en una combinación suficiente de *despersonalización* y esfuerzo intelectual bien dirigido. Evidentemente, encontrarse ahí es más difícil para unos individuos que para otros, y sabemos que el trabajo del docente instructivo activo consiste precisamente en hacerlo posible para el máximo número de alumnos y alumnas. La integración académica está relacionada, por tanto, con lo que hemos llamado *el milagro del aula* y hemos desarrollado antes acerca del concepto de *clase* como algo más que un agrupamiento por edades.

¿Y la integración *social*? La escuela pública es un espacio de socialización esencial de niños, niñas y adolescentes. Es un efecto necesario y conveniente de juntar a los individuos en desarrollo para instruirlos en los saberes ilustrados. Pero cuando hablamos de la vida social de los menores, no todo es felicidad y algarabía; con frecuencia sucede todo lo contrario. Y no es fácil conseguir la integración social de las personas con diversidad funcional u otro tipo de necesidades especiales. Ahí es necesario un gran esfuerzo de educación, sin duda, que implica atención y recursos. De hecho, una buena integración social hace más asequible que se produzca el milagro del aula, la integración académica, para un mayor número de estudiantes. No podemos esperar que se produzcan otro tipo de *milagros* si no disponemos de los recursos educativos y asistenciales necesarios.

La integración académica de M. es sencillamente imposible. Una niña de catorce años con un nivel académico más o menos equiparable al de una niña de primero de primaria no puede integrarse académicamente en el IES. Solo puede recibir atención individualizada y, como mucho, *trabajar al mismo tiempo que sus compañeros*. Pero no puede entender casi nada de lo que pasa, intelectualmente, en la clase.

La integración social de M. es muy difícil. Sus capacidades sociales y su mundo interior no encuentran ninguna sintonía con los mundos sociales adolescentes que la rodean. Es difícil hasta con los compañeros y compañeras más concienciados, mejor educados, que acaban adoptando ante ella un rol de cuidador adulto; lo cierto es que la inmensa mayoría de los chicos y chicas de su edad simplemente la ignoran. No le hacen daño, eso sí, pero tampoco caso. Es realmente un ejemplo extremo que justifica la necesidad de los centros especializados, en los que es mucho más probable que se produzcan esas dos integraciones de la alumna, la académica y la social. No sabemos si la sociedad española actual está en condiciones de proporcionar una mejor respuesta a las necesidades de M.; lo que sí que está claro es que, si hablamos de integración, el centro especializado es probablemente una mucho mejor alternativa que permanecer en el instituto.

Sin embargo, hay un espectro intermedio muy grande de necesidades de integración escolar que pueden obtener la atención debida en los centros ordinarios de primaria y secundaria. La cuestión es, en estos casos, de recursos humanos y materiales que han de depender de las necesidades específicas. La casuística es grande, pero también la experiencia de los docentes y orientadores y las posibilidades de intervención, siempre y cuando las administraciones pongan los recursos necesarios. Hace falta profesorado de pedagogía terapéutica y de audición y lenguaje, así como otros especialistas no necesariamente docentes para atender a los alumnos y alumnas con adaptaciones curriculares significativas. Por supuesto que son imprescindibles adaptaciones organizativas y materiales para las dificultades de acceso al currículo, tales como profesores de lengua de signos o materiales en braille. Hacen falta buenos programas, bien dotados y organizados, de compensación educativa para alumnado inmigrante con problemas de adaptación lingüística, para alumnos y alumnas con fuerte desventaja de orden social y familiar que puede implicar grave retraso curricular, etc. Es necesario financiar e implementar espacios vespertinos seguros de estudio acompañado, así como programas de refuerzo educativo fuera del horario escolar. Hacen falta también docentes de apoyo en diferentes áreas para alumnos y alumnas con especiales dificultades del orden que sea para seguir el currículo ordinario, pero que pueden conseguir en un momento dado engancharse a la dinámica de la clase con ese apoyo del profesorado específicamente dedicado a ayudarlos.

Así que, en general, si queremos *integración*, la clave son los recursos de todo tipo que conlleva atender a los alumnos con necesidades específicas de apoyo educativo. Gasto público, vamos –precisamente lo que a toda costa trata de reducir la ideología neoliberal dominante–. Lo que no es de recibo es que la *integración* sea el pretexto perfecto para acabar con la transmisión de contenidos, el milagro del aula, el profesorado activamente instructivo, la clase como concepto articulado en torno al saber ilustrado. Cada vez nos parece más evidente que el hecho gravísimo de que el gobierno haya legislado con una apuesta explícita por el DUA tiene que ver, entre otras cosas, con la idea de *integrar* reduciendo gastos al máximo. No en vano, el argumento principal que se esgrime contra la repetición de curso es lo *cara* que resulta. Y si se impone la filosofía de que, en realidad, tal como pregona el DUA, no hay necesidades especiales (estas presuponen que hay un amplio espectro de estudiantes dentro de una cierta *normalidad*, lo cual tiene que ver con la posibilidad de estar en el mundo de la razón y sus universales sin necesidad específica de apoyo y permite, por tanto, *dar clase*, porque todos pueden trabajar a una) sino un conjunto de individuos a los que hay que adaptarse uno por uno de manera diferenciada, lo más probable es que se consiga lo que entienden como una mayor *integración* sin necesidad del concurso de medios humanos extraordinarios. Si el docente puede tener a sus veinticinco o treinta pupilas y pupilos trabajando cada uno en lo suyo, adaptado a sus gustos personales, su nivel cognitivo, sus estrictas posibilidades individuales, seguramente frente a la pantalla de un ordenador o tableta con *software* privativo, y desaparecen las explicaciones al conjunto o el diálogo en común en torno a un contenido igual para todos, el alumno o alumna con necesidades especiales ¡se convierte en uno más! y no hace falta la atención específica de un profesor especializado, basta el ordinario del grupo para proporcionarle sus actividades *ad hoc*, o su *software* graduado según sus particularidades. Esta es la utopía que persiguen políticos como el citado José Manuel Bar

Cendón, muy *responsables* de cara a la contención del gasto, pero también muchos pedagogos y algunos docentes que tienen a gala ser muy *progresistas*. Esta perspectiva, tan bien alimentada por las generosas donaciones de la familia Gates al CAST, coincide plenamente con los intereses de la floreciente industria informática de la educación y encuentra complicidades en muy buena parte de los amigos del ajuste estructural permanente. Al mismo tiempo, para esa filosofía de la educación supuestamente izquierdista, representa las máximas aspiraciones ante un sistema educativo caricaturizado contra toda evidencia como instancia que blinda y perpetúa las diferencias de clase a cargo de un profesorado rancio, anquilosado, egocéntrico, que utiliza el conocimiento estrictamente como instrumento de poder frente a los pobres niños, niñas y adolescentes[19].

Muchos docentes estamos, en este momento, elevando al cielo una plegaria: virgencita, virgencita, que me quede como estoy. Vemos a la puerta de la esquina la *desintegración* brutal que nos traen unos planteamientos sobre la atención a la diversidad que encajan con los dislates pedagógicos de moda entre los legisladores. En realidad sabemos muy bien que el DUA y planteamientos por el estilo que pretenden disolver el papel crucial, central, del profesor en la clase hasta convertirla en un animado batiburrillo de particularidades no trae ni integración académica (esa que hemos visto que solo se produce con un grado suficiente, precisamente, de *despersonalización*) ni siquiera integración social. No se puede llamar «integración» a tener a un grupo de niños, niñas o adolescentes en un mismo espacio físico, pero cada uno en su burbuja.

---

[19] Un ejemplo de este tipo de planteamientos, que con frecuencia se abstienen de proporcionar ninguna alternativa viable a lo que critican, quizás porque harían demasiado evidentes sus complicidades con los poderes fácticos que patrocinan alternativas como el DUA, lo encontramos en este lamentable artículo del profesor de filosofía y escritor Xandru Fernández: «El semillero y el búnker. Las islas imaginarias del segregacionismo ilustrado: ensayo sobre la educación», *Ctxt*, 17/09/2023 [https://ctxt.es/es/20230901/Culturas/44084/Xandru-Fernandez-educacion-segregacionismo-ilustracion-escuela-clases-ideales-capitalismo.htm].

Para abordar el complejo problema de la integración de la diversidad en la escuela, en atención a los alumnos de necesidades especiales, hay ante todo que acabar con mucha hipocresía. La integración supone, ante todo, recursos y profesorado específico, es decir, gasto público para invertir en el problema. Si no se dota a la escuela con estos recursos, lo que se hace es distorsionar por entero su función, dificultando la transmisión de los conocimientos y volviendo impracticable la tarea del profesor. El intento de imponer el DUA en la enseñanza busca una integración a coste cero. Se pretende concebir la clase como un conjunto de individuos a los que hay que adaptarse uno por uno de manera diferenciada, pero hay que ser consciente de lo que esto implica: el profesor se convierte en un acompañante de alumnos encerrados en una burbuja frente a la pantalla de su ordenador. Todo lo contrario de lo que es y tiene que ser la escuela pública.

LAS DICHOSAS COMPETENCIAS

El enfoque del aprendizaje por competencias proviene de la Unión Europea, en particular de las recomendaciones del Consejo de la Unión del 18 de diciembre de 2006 y del 28 de mayo de 2018. Ambos documentos no tienen desperdicio y se podría escribir un libro entero para comentar el conjunto de dislates que, a cuenta de la educación, reúnen en ellos los políticos de altos vuelos de los gobiernos de los países de la UE. Condensan todos los errores:

1. Una visión economicista de la educación, con la noción de «aprendizaje a lo largo de la vida» que tan sospechosamente se relaciona con la movilidad laboral (la precariedad, en suma, y la permanente exigencia de adaptación de la fuerza de trabajo a las cambiantes necesidades del capital). Y, por supuesto, no pueden faltar las palabras *empleabilidad* (ojo con el término, dónde deja al trabajador o trabajadora) o *resiliencia* (junto a *adaptación al cambio*).

2. Una apuesta directa y sin tapujos por la palabrería y la estupidez: «En la economía del conocimiento, memorizar hechos y procedimientos es clave, *aunque no suficiente para el progreso y el*

éxito. Las capacidades, como la resolución de problemas, el pensamiento crítico, la habilidad para cooperar, la creatividad, *el pensamiento computacional* o la autorregulación, son más esenciales que nunca en nuestra sociedad en rápido cambio. Se trata de *herramientas para lograr que lo que se ha aprendido funcione en tiempo real*, para generar nuevas ideas, nuevas teorías, nuevos productos y nuevos conocimientos». Las cursivas son nuestras... Este es el punto siete de la exposición de motivos de la recomendación de 2018. Parte de una falaz oposición entre un supuesto aprendizaje meramente memorístico y la solución que tan inteligentemente recomiendan para superarlo. Como si hubiera una contradicción, o una discontinuidad, entre aprender contenidos y desarrollar el manido «espíritu crítico», la resolución de problemas, la creatividad o la habilidad para cooperar. Cuelan también en la lista el «autocontrol», como si los centros educativos se dedicaran a la terapia psicológica, más allá de que en toda escuela hay una exigencia del autocontrol necesario para convivir y poder aprender. Lo del «tiempo real» es ya de traca; ¿qué pretenden? ¿Parecer *modernos*? Siempre que se aplican conocimientos o se es competente en lo que sea, es *en tiempo real*, no parece que los conocimientos habiliten en algo así como un tiempo *irreal* o, quizás, *en diferido*. Valiente chorrada en un texto legislativo. Y el colofón, la sincera afirmación de intenciones: todo esto tiene como propósito último idear cosas nuevas, nuevos productos; asumimos que la educación es funcional al capitalismo contemporáneo y su acelerada sociedad de consumo, que necesita que estemos todo el tiempo en un torbellino frenético de innovación.

3. El mito de la *aceleración* de la sociedad por el desarrollo tecnológico. Como si *adaptarse* a las TIC tuviera que implicar algo así como superar la educación analógica, cuando es obvio que la revolución tecnológica la han llevado a cabo generaciones de científicos y técnicos de formación eminentemente analógica (y precisamente por ella)[20]. Además, hay una cantidad abruma-

---

[20] M. Spitzer, *Demencia digital. El peligro de las nuevas tecnologías*, cit., cap. 3.

dora de estudios, como vamos a ver en breve en este libro, que dicen prácticamente lo contrario, que la sobreexposición de niños, adolescentes y jóvenes a las pantallas tiene consecuencias muy negativas en el desarrollo cognitivo. La idolatría tecnológica y la mitificación de los procesos de cambio social que su desarrollo ha traído consigo llenan los textos de palabrería y ponen en peligro las bases de la enseñanza misma.

4. Parten de la extraña suposición que afirma que, para luchar contra el cambio climático o por la calidad democrática de la sociedad, la clave es algo así como las competencias adquiridas por los ciudadanos y ciudadanas en el proceso educativo. Como si problemas como esos dependieran de las conductas individuales de las personas. Como si no fueran problemas estructurales ante los que las instituciones europeas y los gobiernos nacionales se muestran impotentes o directamente contraproducentes.

Y, a pesar de la pobreza argumentativa y las falacias de las recomendaciones del Consejo de la Unión, sin tener en cuenta que son eso, *recomendaciones*, los sucesivos gobiernos españoles se han mostrado auténticos entusiastas de un planteamiento que, pese a ser susceptible de recibir diferentes interpretaciones, se empeñan en trasponer a la legislación nacional *al pie de la letra*.

> El planteamiento europeo de la enseñanza por competencias puede sonar moderno y atractivo, pero en realidad es economicista, cegato y contrario a los propósitos más elementales de la escuela.

A vueltas con PISA

Las pruebas del Programa para la Evaluación Internacional de los Estudiantes (PISA, por sus siglas en inglés), que organiza la OCDE cada tres años, tienen un diseño *competencial*, que consiste, básicamente, en plantear ejercicios en los que no se pregunta por la formulación teórica de los conocimientos sino, siempre, por aplicaciones prácticas concretas. Los modelos de examen contienen textos que parecen tomados de la vida real, los cuales deben someterse a diferentes interpretaciones y pueden suscitar operaciones matemáticas o razonamientos en los que puede que sea necesario recurrir a diferentes conocimientos de las disciplinas que se estudian en la escuela. En resumen, no preguntan directamente la teoría sino que plantean problemas cuya resolución, con frecuencia, depende de datos que aparecen en los propios textos y de la capacidad de inferencia del estudiante que razona para responder. Hay investigadores que ponen en duda la pertinencia de estas pruebas para medir efectivamente los conocimientos adquiridos y no algo parecido a lo que mide el cociente intelectual[21].

En todo caso, resulta patético el modo en que nuestras autoridades educativas llevan tiempo planteándose cómo mejorar nuestros resultados en este examen internacional que supuestamente permite comparar los grados de éxito de los sistemas educativos de la mayor parte de los países de la OCDE. En algunos países son extremistas al respecto: directamente intervienen sobre la muestra de estudiantes con los que se desarrollan las pruebas; es el caso de Suecia, que redujo en 2018 la participación de alumnos migrantes[22], o los de algunos países de extremo oriente que vienen resultando *vencedores* en las últimas ediciones del estudio y que descaradamente seleccionan a los mejores alumnos de las mejores escuelas disponibles en su territorio[23]. En el caso español, como si no hubiera ninguna relación entre el estudio de la teoría (y la expresión teórica de los contenidos en ejercicios y exámenes) y los buenos resultados en la aplicación práctica de los conocimientos, es decir, en la formación general de nuestros alumnos y alumnas, próceres e inspectores insisten sin cesar en

---

[21] Véase, por ejemplo, Heiner Rindermann, *The g-factor of international cognitive ability comparisons: the homogeneity of results in PISA, TIMSS, PIRLS and IQ-tests across nations* [https://onlinelibrary.wiley.com/doi/10.1002/per.634].

[22] [https://www.lavozdegalicia.es/noticia/educacion/2020/06/07/fraude-sueco-pisa/00031591548569823875968.htm].

[23] [https://www.forbes.com/sites/realspin/2017/01/04/are-the-pisa-education-results-rigged/].

que el enfoque de la docencia debe ser *práctico* para incrementar nuestra nota en PISA. Parece que quieran que *entrenemos* a nuestros alumnos y alumnas para esos exámenes, que olvidemos las explicaciones teóricas y enfoquemos la actividad docente a la resolución de problemas concretos, contextualizados en la realidad, en la vida cotidiana. Como si de ese modo verdaderamente se incrementara el nivel de inteligencia para, tal como hipotetiza Rinderman en el estudio citado[24], mejorar los resultados en las pruebas académicas basadas en lo que llaman *competencias*. Esto es la esencia del concepto de *situación de aprendizaje*, ese que viene a sustituir en la LOMLOE el supuestamente obsoleto de *unidad didáctica*. La pretensión es muy poco realista, puesto que hay que hacer retorcidas filigranas para encajar los basamentos teóricos de casi cualquier disciplina en esa pretensión de afrontarlo todo desde su presunta aplicabilidad práctica. El problema de esto es que, además, este *entrenamiento* no garantiza en absoluto la mejoría del cociente intelectual o la inteligencia general de nadie (esa que resulta que es clave para obtener grandes resultados en PISA y que tiene una distribución social e internacional directamente dependiente de las condiciones de vida y el desarrollo humano[25]: cuanto mejor vive la gente, mejores resultados obtiene en este tipo de pruebas). Pero ya nos va quedando claro que lo que para nosotros, los docentes, es un problema, para nuestros brillantes gobernantes es una evidente solución: ¡dejemos de lado los saberes *inútiles*!

En cualquier caso, ese supuesto enfoque *competencial* difícilmente justifica que determinadas comunidades autónomas como Castilla y León o Navarra obtengan excelentes resultados en PISA, muy por encima de la media española y de niveles similares a los países europeos más punteros, como Finlandia o Suecia en la edición de 2018, cuando no destacan en absoluto por ser vanguardia en la aplicación de los *nuevos* enfoques pedagógicos que patrocinan la LOMLOE y los recalcitrantes *entrenadores* ob-

---

[24] H. Rindermann, *The g-factor of international cognitive ability comparisons*, cit.

[25] *Ibidem.*

sesionados con mejorar nuestros resultados en PISA[26]. Podemos afirmar sin riesgo de equivocarnos que, por el contrario, son comunidades en las que se da clase *normal* de manera generalizada; no es descabellado entender que esas diferencias de resultado no pueden atribuirse, en ningún caso, a cuestiones de enfoque pedagógico del proceso de enseñanza aprendizaje. Es más, en los resultados de 2021 resulta llamativo el batacazo de Catalunya, que es justamente la comunidad autónoma que destaca por la extensión de la aplicación de las innovaciones pedagógicas que preconiza la última reforma[27].

> Los resultados del informe PISA se han de analizar y utilizar con cautela y nunca deben servir para orientar la educación hacia un entrenamiento práctico destinado a mejorar a toda costa los resultados. Variables como el nivel socioeconómico y de desarrollo humano o el trabajo de los conocimientos en la escuela nos hacen ver que la pretensión de convertir la escuela en un conjunto de situaciones de aprendizaje orientadas a lo meramente práctico es el camino directo al fracaso en las evaluaciones internacionales.

¿Hay una contradicción entre competencias y conocimientos?

En *El fin de la educación. La escuela que dejó de ser,* Xavier Massó[28] argumenta que lo que caracteriza a la institución escolar es la instrucción en el saber *(episteme)* y que consagrarla a la aplicación práctica de los conocimientos *(tekhné),* que es lo que plantea el programa de la educación en competencias, es convertir la escuela en otra cosa que debería llamarse de otro modo. Lo que

---

[26] [https://www.educacionyfp.gob.es/inee/evaluaciones-internacionales/pisa/pisa-2018/pisa-2018-informes-es.html].

[27] [https://elpais.com/educacion/2023-12-05/informe-pisa-por-comunidades-autonomas-cataluna-se-hunde-castilla-y-leon-sobresale-y-madrid-se-recupera.html].

[28] Véase p. 84, nota 18.

entendemos por escuela está estrechamente vinculado a la teoría, porque es el único lugar social consagrado a la transmisión de esos saberes; los otros, los *prácticos*, se aprenden en muchos otros ámbitos sociales, no requieren tanto de una institución pública especializada y apartada de la sociedad y sus dinámicas económicas. Para Massó, la implantación forzada de la *educación por competencias* es, simple y llanamente, lo mismo que acabar con la escuela, por mucho que sigamos llamando así a eso en lo que se acabe convirtiendo. Muchos docentes compartimos esa preocupación y no podemos sino irritarnos con declaraciones de los gobernantes como las citadas más arriba del secretario de estado de educación. Y nos resistimos a la aplicación efectiva de las intenciones de gestores públicos y legisladores porque no terminamos de entender en qué quieren que se convierta nuestro trabajo. Sabemos muy bien que el enfoque competencial tiene muy poco que ver con el incremento efectivo de las competencias intelectuales de nadie ni, como falazmente presumen con frecuencia, con los intereses de nuestro alumnado, la capacidad real de *integrar* a nadie en el sistema educativo o nuestra supuesta responsabilidad a la hora de hacer de la escuela un ascensor social. Entendemos que los efectos positivos en todos estos ámbitos siempre tienen que ver, en una muy importante medida, con que la escuela siga siendo la escuela, lo que hemos llamado, con Sánchez Ferlosio, el lugar de los universales. El conocimiento teórico es nuestra clave de bóveda: si se erosiona, se cae todo el edificio, con las consiguientes consecuencias cognitivas que, a tenor de lo visto hasta ahora, acaban convirtiéndose, en el peor sentido, en consecuencias sociales. Y, como no nos cansamos de decir, la *integración* y el ascensor social que tanto invocan dependen fundamentalmente de la centralidad de la escuela pública y la reducción de esa maquinaria de segregación y desigualdad que es la enseñanza privada concertada... algo muy alejado de las políticas reales tanto del PSOE como del PP.

Si echamos un vistazo a las llamadas «competencias clave», enseguida nos damos cuenta de que hay verdaderos motivos para la preocupación. Antes que nada, el uso del lenguaje que hacen los legisladores escama a cualquiera: la expresión, en los textos en los que se desarrolla todo esto, es forzada, artificiosa, pedante y, por decirlo suavemente, poco clara. Pero esto, quizás, es lo de menos. Las competencias clave son:

- Competencia en comunicación lingüística.
- Competencia plurilingüe.
- Competencia matemática y competencia en ciencia, tecnología e ingeniería.
- Competencia digital.
- Competencia personal, social y de aprender a aprender.
- Competencia ciudadana.
- Competencia emprendedora.
- Competencia en conciencia y expresión culturales (sic).

De las ocho formulaciones, como mucho la mitad pueden estar, más o menos, relacionadas con los contenidos de lo que entendemos por sistema de enseñanza. Y de ellas, llama la atención la que condensa en un solo enunciado prácticamente todas las ciencias *puras*, teóricas, y aplicadas. Extraña medida del currículo, la que pone al mismo nivel una supuesta *competencia digital*, por ejemplo, y todos los saberes relacionados con las matemáticas, la física, la química, la biología, las ingenierías... Destaca mucho también la abrumadora ausencia de las llamadas *humanidades*, por lo menos en lo tocante a lo que podríamos llamar *competencia teórica*. ¿Dónde encajan la filosofía, la geografía y la historia? ¿En la competencia ciudadana? Hay que retorcer mucho los conceptos para que algo así verdaderamente represente lo que son disciplinas teóricas que van mucho más allá de aprender a ser mejor o peor ciudadano. Ciertamente, hay un énfasis notorio en lo lingüístico, y no nos sorprende, visto lo visto, que se separen las lenguas maternas de las segundas lenguas en dos competencias diferenciadas, ya que para la formación de trabajadores *flexibles* parece muy conveniente que sepan escuchar y hablar, leer y escribir, tanto en su lengua o lenguas como en lenguas extranjeras. Aquí, de cualquier modo, se puede encontrar un acomodo a las lenguas clásicas, aunque podemos apostarnos algo a que no era esa exactamente la intención. Y luego está la

96

economía, claro, que parece ser que la sitúan en ese extraño cajón que denominan «competencia emprendedora» sin que quepa cuestionarse el rotundo enfoque neoliberal que se le ha de dar a esa disciplina para que sostenga el catecismo del emprendimiento. Por último, cabe destacar la genial redacción y la claridad conceptual de la última de las competencias.

Salta a la vista lo que realmente importa al legislador, que conecta de manera directa y casi ingenua con el texto de las recomendaciones del Consejo de la Unión, tan orientadas a la formación de una mano de obra adaptativa, flexible y resiliente, a la altura de lo que exige el capital a estas alturas de la Historia. Una anécdota relatada por una compañera de un instituto del sur de Castilla y León resume con triste claridad el panorama: preocupada por el hecho de que el curso pasado promocionaron muchos chicos y chicas con las competencias aprobadas y un porrón de materias suspensas, debido al procedimiento enrevesado y delirante de evaluación en la ESO que la Junta de Castilla y León, en aplicación de la LOMLOE, está imponiendo en los centros, a esta profesora se le ocurrió decirle que titulaban siendo tremendamente ignorantes al inspector de Educación, el cual, muy en sintonía con los promotores de la reforma educativa en marcha, le respondió lo siguiente:

> No debes preocuparte. Tienen las competencias, que es lo que importa, y les faltan conocimientos, lo cual, hoy en día, no es ningún problema.

Para la mayoría de los profesores, todo esto es una vergüenza. Sabemos que el procedimiento de evaluación, del que vamos a hablar a continuación, no garantiza absolutamente nada respecto de las *competencias* de nadie, porque es un infame galimatías que elimina cualquier posibilidad real de control y criterio por parte de los profesores de cada materia a la hora de decidir cuáles han de ser las calificaciones finales relevantes para la toma de decisiones académicas. En realidad, no se puede ser *competente* en casi nada si no se sabe casi nada, es tan sencillo como eso… a menos que se estén retorciendo los conceptos hasta el absurdo con tal de que todo el mundo pase de curso y titule cuanto antes, sin necesidad de estudiar como es debido. Siempre existe la posibilidad de ser un chico bueno (competencia ciudadana) que está todo el día conectado a internet con su móvil (competencia digital) y sueña con hacerse rico con la minería de bitcoins o las apuestas deportivas (competencia emprendedora).

> El enfoque competencial es la ruina de la escuela, y la formulación de las competencias clave tiene un sesgo terrible en contra del conocimiento y a favor de la formación de trabajadoras y trabajadores adaptados por encima de todo a las necesidades del capital.

EL MEOLLO DEL ASUNTO ES LA EVALUACIÓN

Como estamos viendo, la evaluación es el portal por el que pretenden entrar a la fuerza los bárbaros en el bastión agrietado de la escuela pública… en concreto, la llamada *evaluación por competencias*. La LOMLOE ha venido acompañada por una reforma del currículo muy centrada en imponer un enfoque supuestamente *competencial* a la docencia, y para hacerlo de algún modo obligatorio recurren a la evaluación. El gobierno más progresista de la historia ha progresado tanto que ha decidido eliminar de facto los requisitos de conocimientos mínimos para pasar de curso: hay una salvaguarda en los decretos de currículo que permite que los alumnos promocionen al siguiente grado con independencia, en el fondo, de cuántas asignaturas lleven suspensas, siempre y cuando así lo consideren mayoritariamente sus profesores tras evaluar la consecución de las competencias clave. En el caso de la titulación en ESO, se elimina expresamente y por completo cualquier referencia a las materias; ahora, lo que marca la pauta es el *perfil de salida*, es decir, la puntuación que obtienen los ¿estudiantes? en cada una de las competencias, tras un proceso de cálculo que tienen que organizar las diferentes comunidades autónomas, pero que se suele reducir a establecer una votación con una mayoría del equipo docente del alumno, la cual va de la simple en la Comunidad Valenciana hasta la de dos tercios de Extremadura o Madrid. En el caso de la Comunidad de Castilla y León, gobernada desde y para siempre por el PP, curiosamente se ha establecido un intento de objetivación, a través de tablas Excel, de la relación entre los criterios de evaluación de las materias y las puntuaciones obtenidas en cada competencia clave. Vamos, que se han tomado *completamente en serio* lo que establece el Real Decreto 217/2022, de 29 de marzo, por el que se establece la ordenación y las enseñanzas mínimas de la Educación Secundaria Obligatoria. Quieren que lo que ahí se desarrolla se pueda convertir en un modo *objetivo* de evaluar sin que la cosa dependa en última instancia de una votación, sino de lo que denominan «mapa de relaciones *criteriales* (sic)». En Castilla y León se da por supuesto que los profesores y profesoras, al evaluar, meten las notas de cada ejercicio o examen en una hoja de cálculo que lo mezcla todo según las relaciones entre los criterios de calificación de las competencias específicas y los descriptores operativos de las competencias clave, la cual da unas puntuaciones que, a su vez, entran en un cálculo conjunto con las notas de todas las áreas para cada alumno o alumna. De esa especie de ecuación caótica, con, sin exagerar, centenares de variables, sale el famoso *perfil de salida* del alumno. Los centros pueden ponderar hasta cierto punto la influencia de cada materia en la media de cada competencia, de modo que pueden establecer, por ejemplo, que las notas de lengua castellana tengan más peso que las de otros departamentos en la evaluación de la «competencia en comunicación lingüística», pero en realidad todos los docentes de todas las materias intervienen en cómo se puntúa eso. Y se ha dado con demasiada frecuencia, en las primeras aplicaciones del sistema, que han salido con una nota más que suficiente en la competencia en comunicación lingüística estudiantes con suspensos bajos en la asignatura de lengua castellana y literatura. De hecho, establecer esas ponderaciones no es nada fácil, porque hay muy poca relación directa entre las dichosas competencias y las asignaturas. Como bien hemos visto antes, hay demasiadas áreas de conocimiento que se relacionan directamente con la «competencia matemática y competencia en ciencia, tecnología e ingeniería» (biología y geología, física y química, matemáticas, tecnología...), por ejemplo, y, sin embargo, es dudoso que se deba establecer una especial ponderación de la «competencia emprendedora» en favor de la asignatura de economía... Por no hablar de las asignaturas que, en realidad, no pueden encontrar una competencia de la que sean verdaderamente *protagonistas*, como geografía e historia o filosofía.

El desarrollo legislativo de la LOMLOE a través de los correspondientes decretos de currículo intenta resolver estas *relaciones criteriales* mediante un sistema abstruso que hace las delicias de pedagogos especialistas en la masturbación mental burocrática. Vamos a tratar de explicar y exponer brevemente la gran paja mental de la evaluación por competencias que despliegan esos decretos tanto a nivel estatal como autonómico y que traen por la calle de la amargura a profesores y profesoras cansados de ser la *carne de cañón* de la fantasía de un puñado de supuestos expertos a los que habría que poner urgentemente a dar clase con algún grupo solo medio complicado (como lo son la mayoría, para qué nos vamos a engañar) de primero o segundo de ESO:

1. Los descriptores operativos de las competencias clave

Cada una de las nueve competencias clave que hemos enumerado más arriba tiene unos cuantos *descriptores operativos*, que no sabemos demasiado bien ni qué demonios son ni para qué sirven en realidad. Podemos describirlos, valga la redundancia, como una serie de subíndices con un parrafito cada uno que se supone que aclaran algo sobre el grado de consecución de la competencia en cuestión, redactados de un modo tan copioso como enrevesado. Resultan, por decirlo suavemente, muy poco prácticos para evaluar nada, y son tan ambiguos e imprecisos que lo mismo pueden servir para que todo el mundo sea competente como para que no sea competente ni Dios. Por lo demás, mezclan pretensiones que se podrían relacionar con los conocimientos de las diferentes áreas con otras de carácter moral o político de muy difícil o imposible estimación para los docentes, sobre todo si se quiere evaluar de manera objetiva y limitando al máximo las interferencias ideológicas personales. Estos microrrelatos numerados le dejan a uno la mente en blanco, la verdad. En realidad, lo importante es el sistema de siglas, que otorga a todo este tinglado una falsa apariencia científico-matemática y nos convierte expertos en humo. Veamos varios ejemplos tomados del Real Decreto 217/2022, de 29 de marzo, por el que se establece la ordenación y las enseñanzas mínimas de la Educación Secundaria Obligatoria:

CCL3 (Descriptor número 3 de la competencia en comunicación lingüística): «Localiza, selecciona y contrasta de manera progresivamente autónoma información procedente de diferentes fuentes, evaluando su fiabilidad y pertinencia en función de los objetivos de lectura y evitando los riesgos de manipulación y desinformación, y la integra y transforma en conocimiento para comunicarla adoptando un punto de vista creativo, crítico y personal a la par que respetuoso con la propiedad intelectual».

Comentario: en la competencia en comunicación lingüística hay cinco descriptores de este estilo, aunque este es probablemente el más claro y menos desleal desde un punto de vista estrictamente académico. La primera pregunta que uno se hace al leerlo es si esto tiene algo que ver con la competencia comunicativa o si más bien es pura y simple *competencia intelectual general* de un adulto que se dedica al periodismo de investigación o a la ciencia universitaria. ¿No hubiera sido más sencillo decir que el estudiante presenta trabajos originales basados en fuentes de información variadas y sin recurrir al plagio? Pero claro, estamos hablando de algo que va mucho más allá de la *comunicación lingüística* y que, la verdad, no cumplen la inmensísima mayoría de nuestros alumnos egresados de la ESO (y tampoco es que se pueda ser demasiado exigente al respecto ni es tan grave, porque resulta que suelen seguir estudiando y acaban aprendiendo muchas cosas y llegan a ser historiadores o médicas o ingenieras o filósofos). ¿Quizás esa redacción tan torpe y, por tanto, ambigua, es funcional para extender el número de promociones en cuarto de ESO? La cuestión acaba siendo si realmente lo que importa es que sepan los contenidos de asignaturas como lengua castellana y literatura o que baste con que digamos que más o menos saben hacer como que hacen algunos trabajitos académicos. Por cierto, la creciente recurrencia a los chats de inteligencia artificial puede acabar por convertir este parrafito en agua de borrajas: ¿dónde queda ahí el punto de vista «respetuoso con la propiedad intelectual»? ¿Cómo puede ponderar eso un profesor o profesora?

CCL5 (Descriptor número 5 de la competencia en comunicación lingüística). «Pone sus prácticas comunicativas al servicio de la convivencia democrática, la resolución dialogada de los conflictos y la igualdad de derechos de todas las personas, evitando los usos discriminatorios, así como los abusos de poder, para favorecer la utilización no solo eficaz sino también ética de los diferentes sistemas de comunicación».

Comentario: este descriptor es directamente infumable. ¿Cómo demonios se valora con objetividad si un alumno o alumna *favorece la utilización ética de los diferentes sistemas de comunicación*? ¿Tenemos que hacer prácticas de mediador de convivencia para que titulen en cuarto de ESO? ¿Los críos de derecha extrema o extrema derecha no deben titular o se les debe exigir una *conversión* pública que bien pueda ser fingida? ¿Hay que buscar o fingir un *abuso de poder* para experimentar si nuestros estudiantes efectivamente reaccionan utilizando prácticas comunicativas *guays* para combatirlo? ¿En qué clase de patochada se han de convertir las clases si nos tomamos en serio este parrafito, o basta que lo dejemos como papel mojado, como algo cumplido por defecto, de modo que facilitemos que, trabajen lo que trabajen, aprendan lo que aprendan, nuestros alumnos y alumnas estén siempre un poquito más cerca de la titulación?

STEM5 (Descriptor operativo de la Competencia matemática y competencia en ciencia, tecnología e ingeniería, por sus siglas en inglés -*science, technology, engineering and mathematics*). «Emprende acciones fundamentadas científicamente para promover la salud física, mental y social, y preservar el medio ambiente y los seres vivos; y aplica principios de ética y seguridad en la realización de proyectos para transformar su entorno próximo de forma sostenible, valorando su impacto global y practicando el consumo responsable».

Comentario: este descriptor es todo un prototipo de los males de esta concepción curricular *por competencias*. Es un abuso múltiple imponer tareas impropias de la docencia a los enseñantes, que no son inquisidores ni supervisores de la conciencia medioambiental o ética de nadie, al tiempo que se establece un prototipo moral del alumno o alumna que está cargado de ideología, y no precisamente ingenua. Hablar, en el centro educativo, de acciones para preservar el medioambiente o de *consumo responsable*, y más como criterio de evaluación en la ESO, acaba poniendo la resolución de los graves problemas estructurales del capitalismo en la perspectiva inane de la suma de buenas voluntades que hacen por reciclar o cositas por el estilo. Es una perspectiva muy cómoda para los verdaderamente responsables de la catástrofe medioambiental en la que está sumida la Tierra. Y lo peor es que, cuando se convierten estas máximas de ecologismo ligero y voluntarista en requisito para conseguir una evaluación positiva, nos metemos en la dinámica de la hipocresía y los autos de fe. La lucha contra el deterioro ambiental es una lucha contra el capitalismo o si no, deviene una patochada *políticamente correcta…* Los estudiantes pueden acabar encontrando el desarrollo de su rebeldía en el tradicionalismo, el ruralismo machirulo o directamente el supremacismo racial y el fascismo. ¡Conformémonos con que se instruyan en las diferentes materias, que el conocimiento lleva consigo la dura carga de la responsabilidad!

Estos tres ejemplos son descriptores operativos de las dos competencias clave que tienen una relación más directa con las disciplinas académicas. En el caso de las competencias como la emprendedora, la *ciudadana* o la digital, el panorama es aún peor.

2. Las competencias específicas, sus conexiones con los descriptores del perfil de salida y los criterios de evaluación asociados a cada una de ellas

Si miramos los reales decretos de enseñanzas mínimas[29], que sirven de trama básica, con el 60% de los contenidos, para el desarrollo autonómico del currículo en las comunidades de una sola lengua oficial, observaremos que la parte dedicada a los conocimientos concretos de cada materia que se han de desarrollar en el aula es muy abierta, poco precisa y rematadamente breve, si se compara con lo que fueron los diferentes currículos en el carrusel de leyes educativas anteriores. Los llaman «saberes básicos», y en esa adjetivación se condensa toda la (malsana) intención del legislador. En realidad, el grueso del currículo de cada materia está en el apartado de las llamadas *competencias específicas*, que son únicas para todos los cursos de una asignatura; se exponen en una lista numerada y copiosamente comentada. La ristra es mayor o menor según las materias; algunas de las que disfrutan de menos horas semanales de clase tienen solo cuatro competencias específicas, otras tienen cinco, seis, siete… hasta las diez de lengua castellana y literatura o matemáticas. Entonces, ¿qué es lo que varía entre, por ejemplo, la lengua de 1.º de ESO y la de 4.º? Pues los criterios de evaluación. Cada curso de una materia tiene sus propios criterios de evaluación para cada competencia específica.

Un ejemplo de competencia específica del área de lengua castellana y literatura de la ESO, la número 9 de 10:

---

[29] Real Decreto 157/2022, de 1 de marzo, por el que se establecen la ordenación y las enseñanzas mínimas de la Educación Primaria [https://www.boe.es/eli/es/rd/2022/03/01/157/con].

Real Decreto 217/2022, de 29 de marzo, por el que se establece la ordenación y las enseñanzas mínimas de la Educación Secundaria Obligatoria [https://www.boe.es/eli/es/rd/2022/03/29/217/con].

Real Decreto 243/2022, de 5 de abril, por el que se establecen la ordenación y las enseñanzas mínimas del Bachillerato [https://www.boe.es/eli/es/rd/2022/04/05/243/con].

Movilizar el conocimiento sobre la estructura de la lengua y sus usos y reflexionar de manera progresivamente autónoma sobre las elecciones lingüísticas y discursivas, con la terminología adecuada, para desarrollar la conciencia lingüística, para aumentar el repertorio comunicativo y para mejorar las destrezas tanto de producción oral y escrita como de comprensión e interpretación crítica.

Comentario: esta *competencia específica* resume lo que podemos esperar de nuestros alumnos y alumnas en cuanto a la parte de gramática del español. El enrevesado párrafo obvia que el saber vale la pena por sí mismo, sin que tenga que *servir para nada*. Pero, además, demuestra poco conocimiento de lo que es la lingüística, sobre todo cuando mezcla alegremente el conocimiento *de la estructura de la lengua* con algo tan vasto e indefinido como son *sus usos*. Da vergüenza ajena, al tiempo, relacionar implícitamente el estudio de la morfosintaxis con una *reflexión progresivamente autónoma sobre las elecciones lingüísticas y discursivas;* estas las hacemos sin darnos cuenta, sin tener por qué saber nada de cómo funciona el sistema lingüístico y por qué: ¿cuántos grandes escritores o escritoras saben sintaxis? ¡No hace falta estudiar morfosintaxis para elegir mejor las palabras que usamos, por Dios! En todo caso, nos puede ayudar a entender mejor la norma, pero ahí no parece que diga nada de eso. Para nosotros, lo fundamental es aprender *a pensar,* conocer la morfología y la sintaxis es un saber válido por sí mismo, sin utilidades adicionales. Por lo demás, que alguien nos explique qué demonios quiere decir «desarrollar la conciencia lingüística», porque nos suena a soberana chorrada, sobre todo cuando el currículo podría limitarse a decir que nuestros estudiantes tienen que saber qué es un nombre, o un verbo; qué es el sujeto y el predicado, qué es un sintagma o cuáles son los tipos de subordinación oracional que hay en español, por ejemplo. Y no sabemos si es ignorancia o mala fe, pero relacionar el *conocimiento de la estructura de la lengua* con *aumentar el repertorio comunicativo* es directamente un dislate.

Al final del epígrafe correspondiente a cada competencia específica, el Real Decreto enumera los descriptores operativos de las competencias clave con los que la competencia específica «se conecta» (sic). En el caso de la que acabamos de comentar, la 9 de lengua en la ESO, son los siguientes: CCL1, CCL2, CP2 (descriptor número dos de la «competencia plurilingüe»), STEM1, STEM2, CPSAA5 (este último es el descriptor número 5 de la «competencia personal, social y de aprender a aprender»; tiene una formulación sin desperdicio: «Planea objetivos a medio plazo y desarrolla procesos metacognitivos de retroalimentación para aprender de sus errores en el proceso de construcción del conocimiento»).

No hay forma humana de discernir cuáles son los criterios que han llevado a los redactores del currículo a relacionar cada competencia específica con esos descriptores operativos y no otros: el grado de arbitrariedad es notorio, y asoma aún más cuanto más tiempo se dedica a estudiar cada criterio. La cosa es que son tantísimos en tantas asignaturas que no hay otro remedio que obviar el esfuerzo de contraargumentar a los creadores de este engendro.

Con esta lista de descriptores operativos relacionados con la competencia específica empieza el galimatías.

El decreto de enseñanzas mínimas de la ESO desarrolla una serie de criterios de evaluación para cada competencia específica para cada curso (o, a veces, para grupos de dos, 1.º y 2.º por un lado y 3.º y 4.º, por otro). Siguiendo con el ejemplo, la competencia específica 9 de lengua castellana y literatura lleva aparejados, para 1.º y 2.º de ESO, los siguientes criterios de evaluación:

9.1 Revisar los textos propios de manera guiada y hacer propuestas de mejora argumentando los cambios a partir de la reflexión metalingüística e interlingüística y con un metalenguaje específico.

9.2 Explicar y argumentar la interrelación entre el propósito comunicativo y las elecciones lingüísticas del emisor, así como sus efectos en el receptor, utilizando el conocimiento explícito de la lengua y un metalenguaje específico.

9.3 Formular generalizaciones sobre aspectos básicos del funcionamiento de la lengua a partir de la observación, la comparación y la transformación de enunciados, así como de la formulación de hipótesis y la búsqueda de contraejemplos utilizando un metalenguaje específico y consultando de manera guiada diccionarios, manuales y gramáticas.

Se supone que la evaluación no se ha de hacer a partir de lo que el alumno sabe, comprobado con diferentes instrumentos, sino a partir del cumplimiento de estos criterios *competenciales*. Se supone también que hay que diseñar actividades e instrumentos de evaluación para cada uno de ellos. De la media más o menos ponderada que nos dan los criterios de cada competencia específica, podemos sacar una calificación que se utilizará en dos sentidos: por un lado, junto con la media final del resto de competencias específicas de la materia, calcularemos la nota de la asignatura (ya estamos hablando de 22 criterios en 10 competencias para primero y segundo de ESO y de 23 criterios para 3.º y 4.º de ESO).

Por otro lado, la nota de la competencia específica interviene en el cálculo de las notas del *perfil de salida*. Cada competencia específica se *conecta* con las competencias clave a partir de la lista de descriptores operativos asociada, tal como hemos visto en la competencia 9 de lengua (recordemos que *se conecta* con seis descriptores de cuatro competencias clave distintas, CLE, CP, STEM y CPSAA). Esto implica que la nota que haya sacado un estudiante en la competencia específica 9 entrará a formar parte del cálculo del valor final de los descriptores operativos relacionados… junto con las calificaciones del resto de sus profesores que, a partir de las conexiones de las competencias específicas de sus materias, afectan también a esos mismos descriptores operativos. Luego, se espera que la nota asociada a cada descriptor operativo de una competencia clave, producto de mezclar en una media más o menos ponderada decenas de números de varios profesores, entre a formar parte del cálculo de una media de todos los descriptores de esa competencia. Según el diseño curricular de la LOMLOE, el cálculo del perfil de salida de un estudiante, las notas de cada una de las nueve competencias clave, crucial para la titulación en ESO, depende de algo así como un cálculo en el que intervienen centenares de variables de una decena de profesores, en un proceso enrevesado y caótico. Es una ecuación caótica y el resultado puede acabar estando totalmente fuera de control de los docentes y sus observaciones. Todavía la cosa se puede poner peor. Como ya hemos visto antes, en Castilla y León, las autoridades educativas se han tomado muy a pecho lo que establece el decreto de enseñanzas mínimas y han plasmado sus *mapas de relaciones criteriales* en un sistema de hojas de cálculo automáticas para que, efectivamente, todo este montaje acabe dando los números del perfil de salida de cada estudiante a partir de las notas de competencias de todos los profesores y profesoras. Tratando de ser los primeros de la clase, no solo han relacionado con los descriptores operativos cada una de las competencias específicas; han añadido conexiones con descriptores operativos ¡a cada uno de los criterios de evaluación de las competencias específicas! Las *relaciones criteriales* son un barullo numérico inabarcable, totalmente insensato, arbitrario y fuera de control de los docentes y su criterio a la hora de evaluar. Han impuesto por decreto ese procedimiento de calificación de las competencias perfectamente basado en los parámetros del desarrollo de la LOMLOE que ha hecho el gobierno de España y ya hemos comentado que, en el primer curso de su aplicación, ya se han dado multitud de casos de estudiantes que, por ejemplo, con la materia de lengua castellana y literatura suspensa, han obtenido buenas notas en la competencia en comunicación lingüística… y han titulado sin tener ni idea de esa materia… lo cual se ve que no tiene mayor trascendencia porque, ya se sabe, hoy en día todo está en Google. Habrá que ver qué pasa con los brillantes resultados de esta comunidad en las pruebas PISA cuando llevemos unos años de aplicación a machamartillo del nuevo panorama competencial.

Resulta casi imposible explicar de manera más resumida la aplicación que proponen las administraciones, con la LOMLOE, de la evaluación por competencias, que es un follón tan absurdo e inútil como difícil de colegir.

En un ejercicio de borreguismo pseudoeuropeísta, el gobierno español y los gobiernos autonómicos han abrazado con pasión el planteamiento economicista, neoliberal, verborreico y peligroso para la enseñanza que han denominado «educación basada en competencias (EBC)» y del que ya se están desprendiendo los escoceses, que lo vienen implementando desde finales de los años ochenta y han podido ver que tiene consecuencias desastrosas[30]. Esto se suma a la idea de convertir las pruebas PISA en el pretexto para *entrenar* a nuestros estudiantes al estilo *competencial* para obtener mejores resultados en el futuro, lo cual es directamente absurdo e ineficaz porque cualquier mente mínimamente sensata entiende que las competencias serán, en todo caso, una consecuencia de la formación en conocimientos. La EBC pretende vaciar de contenidos teóricos la escuela y eso equivale a erosionar las bases mismas del sistema de enseñanza para convertirlo en otra cosa de la que los profesores y profesoras, por lo general, no queremos saber nada. Y la punta de lanza para imponer este punto de vista fallido en la práctica y delirante en sus planteamientos y en su plasmación curricular, como se ve en los decretos de currículo de la LOMLOE, es la evaluación. La aplicación práctica del galimatías arbitrario y caótico de las competencias clave, sus descriptores operativos, las competencias específicas, sus *conexiones* con los descriptores operativos y sus criterios de calificación, convierte el trabajo de evaluación de los docentes en un infierno burocrático en el que se pierde el buen criterio, la capacidad de control sobre los resultados de las decisiones que se tomen y cualquier mínimo atisbo de objetividad, ecuanimidad y justicia. De hecho, es un sistema que se caracteriza por su arbitrariedad y por pretender puntuar cosas tales como el compromiso con ciertos valores o premisas ideológicas para nada ingenuas a pesar de las apariencias.

---

[30] [https://xarxatic.com/escocia-abandona-la-educacion-basada-en-competencias/].

Las administraciones educativas, en su adaptación de los decretos de enseñanzas mínimas de la LOMLOE a las diferentes comunidades autónomas, han tenido respuestas variables respecto de las orientaciones sobre la evaluación de los alumnos y alumnas que marca el gobierno central. En la mayoría de las comunidades se repite casi al pie de la letra la pretensión, un tanto vaga, de que la evaluación ha de ser «continua, integradora y formativa» y los instrumentos, «variados», «diversos» y cosas por el estilo. En otras, como en Castilla y León o Extremadura, se exige o recomienda que esa diversidad de métodos de evaluación incluya auto y heteroevaluación entre iguales, por ejemplo, o hasta pruebas específicamente orales en el caso de los decretos dictados en Valladolid. En cualquier caso, se entiende que la evaluación se orienta al cumplimiento de los criterios de calificación de las competencias específicas y produce, en última instancia, el famoso *perfil de salida* porque se supone que la relación entre las competencias específicas y los descriptores operativos de las competencias clave nos ha de proporcionar de algún modo calificaciones del grado de consecución de cada competencia. Todo este tinglado retorcido evita en todo momento ir al grano: ¿estamos evaluando lo que los niños, niñas y adolescentes *han aprendido*? Varios de los textos curriculares autonómicos insisten en que es muy importante la *observación*. Los catalanes son vanguardistas al respecto: los profesores obligatoriamente han de tener cuadernos de registro de la observación cotidiana en el aula de los progresos de sus pupilos. Castellanoleoneses y extremeños expresamente mencionan rúbricas, portfolios y demás palabros pedagógicos de moda. ¿Y qué es lo que hay que observar? ¿Si fulanito ha sido hoy amable con sus compañeros y por tanto mejora en CPSAA? ¿Hasta qué punto los *trabajos* más o menos en equipo (el *cartulineo*, que diría una compañera de lengua ácida, refiriéndose a los tipiquísimos *murales* de cartulina que suelen adornar los centros escolares con trabajillos sobre diferentes temas) o más o menos hechos por el propio estudiante en su casa (¿o por ChatGPT?) nos muestran un panorama fiable de los progresos intelectuales de los alumnos y alumnas? ¿Cómo es de fiable la *autoevaluación* para puntuar el grado de progreso en una asignatura? ¿Y la evaluación entre iguales? ¿Mejora una rúbrica el buen criterio del profesor o profesora experimentada o introduce rigideces innecesarias y sobrecarga burocrática en el proceso? Se inventa mucho, pero los exámenes siguen ahí como elemento crucial... Y menos mal.

Todas esas *innovaciones* en la evaluación son recursos de los que hemos tirado siempre los profesores en algún momento de nuestra práctica de toda la vida. Pero tienen serios problemas para hacerlas la piedra angular del proceso de evaluación, si lo que queremos es conocer de verdad cuánto saben nuestros alumnos y alumnas acerca de lo que hemos estado viendo en clase. La objeción más seria, que crece conforme crece el nivel de complejidad académica de los estudios, es la de la falta de objetividad y, por tanto, de seguridad jurídica de los alumnos y alumnas. Un examen es siempre revisable y objeto de una posible reclamación. Desde el momento en que es una prueba directa sobre contenidos, tiene un alto grado de objetividad y puede ser revisado por otros profesores o por la inspección educativa, de modo que probablemente es el método que más dificulta un posible comportamiento arbitrario del docente al evaluar. La observación, por ejemplo, puede llevar a graves errores y arbitrariedades por parte del que evalúa, porque no hay modo de corroborar que las anotaciones del docente son correctas. Con los trabajos puedes equivocarte de sujeto: no sabes a qué miembro de un equipo estás evaluando en realidad, por no hablar de que puede que estés poniendo nota a un producto de un sistema de inteligencia artificial. Es tan fácil premiar al que hace trampa con todas las facilidades... Algo parecido a lo que puede pasar si esperamos que la autoevaluación o la evaluación entre iguales sean verdaderamente relevantes para determinar si un estudiante ha superado una materia, la verdad. Puede verse damnificado el alumno o alumna de baja autoestima que se autoevalúa por debajo de lo que merece su desempeño, por ejemplo; por no hablar de la intromisión en el proceso de las dinámicas sociales digamos que... *complejas* que suelen caracterizar a los colectivos de púberes y adolescentes: ¿cómo puede interferir, por ejemplo, un acoso casi invisible en el proceso de evaluación?

En cualquier caso, esta defensa de los exámenes parte del consenso previo sobre la importancia de los contenidos en la formación. En el fondo, si los conocimientos dejan de ser la clave para la promoción y la titulación (en este asunto sobre todo, a tenor de la redacción del decreto de enseñanzas mínimas de la ESO[31]), estamos tan instalados en ese mundo de vaguedades y subjetividades de la EBC que, para lucimiento verborreico de docentes estelares y políticos necesitados de espectáculo, poco importa la objetividad del proceso si el resultado nos queda *bonito* y nos da argumentos para presumir de innovación y de número de aprobados. Es el camino hacia títulos inanes y enseñanzas vaciadas de contenidos. ¿A quién le interesa algo así, en realidad?

> No se pueden desdeñar los exámenes como eje central de la evaluación de los conocimientos adquiridos por los estudiantes, sobre todo conforme crece la complejidad de lo que se estudia. Hay varios argumentos a favor de la importancia de su uso, aunque destaca sobre todos ellos el de la seguridad jurídica que proporciona a los estudiantes, frente a la arbitrariedad implícita en procesos como la observación o la evaluación entre iguales.

---

[31] Puntos 1 y 2 del artículo 17 del Real Decreto 217/2022, de 29 de marzo, por el que se establece la ordenación y las enseñanzas mínimas de la Educación Secundaria Obligatoria.

5. Breve diatriba sobre la *tecnificación* de las aulas

El que escribe estas líneas fue director de instituto en Extremadura cuando a Juan Carlos Rodríguez Ibarra, presidente autonómico, se le ocurrió, allá por 2002, poner un ordenador fijo para cada dos alumnos en las aulas de los IES e IESOs de región. Fue un grave dispendio que devino absurdo en poco tiempo. Primero se empezó a saber que en muchas clases aquellos aparatos pronto se habían acabado convirtiendo en *cadáveres* que, más que nada, estorbaban. A pesar de que se colocó a un informático en cada centro educativo, no daban abasto para mantener en buen estado de mantenimiento semejantes redes cableadas de centenares de cacharros. Pero lo peor es que, pocos años después, llegó el WIFI y quedaron pesadamente obsoletos de golpe y porrazo aquellos enormes pupitres con una aparatosa máquina con dos teclados y dos ratones ubicada en un armario en medio de los dos puestos para los alumnos, junto con todo el sistema de cableado para dieciséis terminales por aula contando el del profesor. Lo cierto es que el gobierno autonómico compró, sospechosamente caros, por cierto, a El Corte Inglés todos esos miles de dispositivos, con sus decenas de servidores: seguro que hubo quien ganó dinerales con esa iniciativa tan desafortunada. Y aquí paz y después gloria. El caso es que toda esa situación de aquellos años dio lugar a dos anécdotas que nos interesan expresamente para lo que queremos comentar aquí. En primer lugar, una profecía. En segundo, un credo.

La profecía

En estos tiempos de DUA y TICs, podemos ver al entonces director provincial de Educación de Badajoz, Manuel Nieto Ledo, como un verdadero profeta, un pionero, un adelantado a su tiempo. Cuando el que suscribe le preguntó, en una reunión de directores durante el curso 2002-2003, cómo se suponía que podíamos atender en el IES a los alumnos con necesidades educativas especiales, incluido un chico con síndrome de Down, sin que se nos hubiera dotado por el momento de ningún profesor o profesora de pedagogía terapéutica, respondió sin dudar: «Para eso tenéis los ordenadores, ¿para qué si no?». Luego, con gran conocimiento de causa, nos recomendó que enganchárameos a nuestros alumnos con capacidades diferentes a lo más puntero en *software* pedagógico del momento: Pipo. El DUA en ciernes.

EL CREDO

Luis Millán Vázquez de Miguel, a la sazón consejero de Educación de la Junta de Extremadura, solía inaugurar las escuelas con un discurso muy resultón que hoy en día es ya un clásico. Decía algo así:

> Imaginaos que podemos traer a nuestros días a un médico del siglo XIX y lo llevamos a uno de nuestros hospitales regionales; ¡qué cara iba a poner! Lo fascinarían con toda seguridad los aparatos tecnológicos modernos, las pantallas en cuidados intensivos, las máquinas de diagnóstico… Se daría cuenta de que un hospital del siglo XXI es muy distinto a lo que eran los hospitales del siglo XIX. Sin embargo, hagamos lo mismo con un maestro de escuela. ¿Qué diferencia observará entre las aulas del siglo XIX y las del XXI? ¿Por qué no habría de sucederle al maestro decimonónico que viajara a nuestro siglo lo mismo que le pasaría al médico?

Para el consejero, esta alegoría muestra la perentoria necesidad de *pasar las aulas al siglo XXI*. Cual si se tratara de un quirófano, hay que tecnificarlas cuanto antes porque no es posible que la escuela de nuestros días siga siendo, en apariencia, la misma de hace ciento cincuenta años.

Cuenta Manfred Spitzer en su imprescindible libro *Demencia digital* que a mediados del siglo xx, solo en EEUU, se introdujeron más de 10.000 máquinas de rayos equis, *podoscopios*, en las zapaterías, para radiografiar los pies. Al parecer, les encantaban a los niños… Y tardaron más de veinte años en retirarlas por completo, aun a sabiendas de los riesgos conocidos de la exposición a la radiactividad[1]. El neurocientífico alemán concluye, en su obra pionera de la recopilación de estudios científicos que alertan sobre los peligros del proceso de digitalización de nuestra sociedad, que, en este asunto, se está obrando con la misma irresponsabilidad con la que operaron los vendedores de *podoscopios* en los años cincuenta, con el agravante de que la investigación científica ha demostrado hace ya bastante tiempo la notoria nocividad del uso de las pantallas para el desarrollo cognitivo de niñas, niños y adolescentes, y, en vez de detenerse, gobiernos y empresas no dejan de impulsar masivamente el proceso. Del mismo modo en que sucedió con los rayos equis en las zapaterías, hay sectores empresariales que defienden un negocio que proporciona copiosos beneficios, y lo hacen aun a costa de la salud mental y la inteligencia de las generaciones venideras.

La recopilación de bibliografía experimental que hace Spitzer en el libro citado es brutal: decenas de experimentos que demuestran cosas como que el tiempo de pantalla en los niños pequeños es directamente tiempo robado al desarrollo cognitivo o que los contenidos violentos de películas y videojuegos insensibilizan notoriamente frente a la violencia. Spitzer desmonta el mito del *nativo digital* y utiliza para ello un conocido estudio de la Biblioteca Británica de Londres[2] que, a grandes rasgos, viene a descubrir cosas como que:

---

[1] M. Spitzer, *Demencia digital. El peligro de las nuevas tecnologías*, cit., pp. 20 y ss.

[2] British Library y Joint Information Systems Committee, Informe Ciber: «Comportamiento Informacional del Investigador del Futuro», *Anales de Documentación* 11 (2008) [https://www.redalyc.org/articulo.oa?id =63501113].

– Los supuestos *nativos digitales* son torpes, superficiales y excesivamente confiados en los procesos de búsqueda de información *online*.
– Para ser competente a la hora de buscar información en la red, lo fundamental son los conocimientos previos de quien busca.

Estas investigaciones son públicas y notorias y parece mentira que los promotores de la requeterreforma del sistema educativo español sigan ignorándolas y repitiendo mamarrachadas como las que ya citamos más arriba del secretario de Estado de Educación, José Manuel Bar Cendón, en la entrevista en *Público* del pasado 7 de septiembre de 2022, acerca de cómo la era de Google «a la figura clásica de profesor la deja fuera»[3].

Spitzer es partidario de una educación analógica, como la que recibieron los espabilados que se forraron creando el universo digital que hoy nos tiene a todos enganchados. En un momento dado, en la entrevista que le hicieron en *La Vanguardia* en 2016 que hemos citado más arriba, el periodista le reprocha que lleve consigo un ordenador, y Spitzer contesta:

> [Lo llevo] porque soy un adulto y ya tengo una base que me dio una escuela en la que no tenía ordenadores, pero sí cuadernos, bolígrafos, pizarras y, sobre todo, un buen profesor que fue dándome estructuras sobre las que he ido construyendo lo que sé. Ahora sí que un ordenador y un smartphone me ayudan en tareas rutinarias siempre que no abuse de ellos[4].

PROFUNDIDAD DE PROCESAMIENTO

En *Demencia digital*, el científico alemán muestra con varios ejemplos que la investigación reciente asocia la sustitución de las interacciones humanas reales por interacciones virtuales con una

---

[3] [https://www.publico.es/sociedad/secretario-educacion-repetir-curso-carisimo-absolutamente-ineficaz.html].

[4] Entrevista a Manfred Spitzer, *La Vanguardia*, 21/10/2016 [https://www.lavanguardia.com/lacontra/20161022/411206688578/moviles-y-ordenadores-en-las-aulas-dificultan-el-aprendizaje.html].

demostrada reducción del tiempo de sueño, que tiene efectos muy nocivos desde un punto de vista cognitivo. En general, el autor no se cansa de recordarnos de que somos cuerpos que hablan y aprenden, y que es en la interacción con y entre los cuerpos como desarrollamos plenamente nuestras capacidades cognitivas. Por ejemplo, Spitzer explica cómo se ha demostrado que el aprendizaje básico de los números está estrechamente relacionado con el uso de los dedos de las manos; los niños que aprenden con juegos de dedos consiguen un desarrollo superior en matemáticas al de los que no. Spitzer se burla abiertamente de quienes podrían afirmar que «ya va siendo hora de que haga su entrada el siglo XXI en las guarderías y de que se sustituyan esas tonterías de los dedos con algo inteligente, como por ejemplo, portátiles»[5]. En general, cuantos más procesos cerebrales se involucren en un proceso de aprendizaje, más profundo será. Y, también en general, cuanto más presentes están las pantallas, mayor simplificación de la experiencia y mayor debilidad cognitiva en los aprendizajes. Spitzer afirma, con enorme respaldo documental, que «en el aprendizaje, el contacto directo es superior al contacto mediado por la pantalla y el teclado»[6]. Por eso, ha quedado más que demostrado en decenas de experimentaciones y estudios que es muy conveniente el aprendizaje de la lectoescritura se haga con papel y lápiz, y que utilizar dispositivos electrónicos y procesadores de textos ofrece resultados preocupantes.

Pone el ejemplo de las pizarras digitales interactivas. Visitó, en 2011, una escuela modélica experimental en la que le hicieron una demostración[7] de cómo funcionan esos dispositivos. Puso el ejemplo de una clase de lengua alemana de tercero de primaria en la que utilizaban la pizarra para que los niños y niñas, con un movimiento de dedo sobre la pantalla, pudieran formar palabras a partir de lexemas, prefijos y sufijos que se presentaban sueltos y prestos para ser combinados. La criatura *pinchaba* con el dedito

[5] M. Spitzer, *Demencia digital. El peligro de las nuevas tecnologías*, cit., p. 167.

[6] *Ibidem*, p. 215.

[7] *Ibidem*, pp. 76 y ss.

un sufijo, se lo añadía a la raíz y, ¡catapún!, palabra nueva. Hoy en día hay multitud aplicaciones didácticas con las que maestros y maestras de primaria organizan *juegos* de ese tipo, supuestamente para facilitar el aprendizaje. Spitzer, sin embargo, trae a colación la noción de *profundidad de procesamiento*, frente a la *superficialidad* asociada a los medios electrónicos e internet. Cuanta más atención se le preste en profundidad a un contenido, mejor será el aprendizaje; y cuantos más centros de procesamiento movilice la aproximación a él, más sinapsis y más memoria. De modo que Spitzer afirma: «Cuando en una pizarra digital interactiva táctil desplazo una palabra con la mano desde la posición A a la B (es decir, la desplazo a otra posición de la pantalla) es de lo más superficial que puedo hacer con una palabra; algo aún más superficial sería solamente el copiar y pegar esa palabra mediante un clic con el ratón, y eso simplemente porque requiere un movimiento menor»[8]. Más adelante añade, acerca de mover sufijos en la pizarra digital interactiva: «Mover un contenido con un movimiento del dedo índice, un movimiento que es idéntico para cada contenido, no fija ese contenido. *Copiarlo en el cuaderno* sería en este caso algo mucho mejor porque habría que memorizar la palabra y volver a crearla uno mismo en el papel mediante movimientos razonables que componen el significado a partir de diferentes signos. Justamente porque el ordenador quita a los alumnos un trabajo intelectual como copiar de la pizarra, por fuerza debe poseer un efecto negativo sobre el aprendizaje»[9].

De un modo análogo a lo que vimos más arriba que sucedía en Escocia con la educación por competencias, en Suecia, potencia vanguardista en la tecnificación de las aulas, están dando marcha atrás y parece ser que van a volver al uso de los libros y cuadernos[10]. Según informó, por ejemplo, *Deia*, el gobierno sueco, para tomar esta decisión, recabó informes de 60 expertos,

---

[8] *Ibidem*, p. 71.
[9] *Ibidem*, p. 80.
[10] [https://www.deia.eus/actualidad/sociedad/2023/06/12/suecia-saca-pantallas-aulas-regresa-6916918.html].

entre ellos el prestigioso instituto Karolinska, referencia mundial en neurociencia, cuyos responsables respondieron al periodista que «toda la investigación del cerebro en niños muestra que no se benefician de la enseñanza basada en pantallas». La ministra de Educación, Lotta Edholm, justificó su propuesta a partir de una bajada de once puntos (de 555, un nivel considerado «alto», a 544, considerado «intermedio») de su país en el Estudio Internacional para el Progreso de la Comprensión Lectora (PIRLS) de 2021, realizado por la Asociación Internacional para la Evaluación del Logro Educativo (AIE) sobre alrededor de 400.000 estudiantes de cuarto de primaria.

LA PANTALLA ES SIEMPRE PEOR PARA APRENDER

Michel Desmurget, en *La fábrica de cretinos digitales: los peligros de las pantallas para nuestros hijos*[11], explica el concepto, totalmente demostrado en toda una sarta de estudios empíricos, de «efecto deficitario del video». Los niños aprenden mucho mejor con el contacto directo con una persona que a través de una pantalla; las investigaciones lo demuestran, entre otras cosas, midiendo los aprendizajes a partir de un adulto que enseña lo mismo en carne y hueso y a través de la pantalla, con resultados tremendamente favorables a la presencia real frente a la imagen[12]. Curiosamente, una parte muy importante de la parafernalia ideológica que respalda la *revolución* tecnológica que, con entusiasmo, la administración quiere imponer en las aulas invoca la supuesta superioridad de los contenidos de internet en formato de video sobre los torpes profesores en el aula[13], armados de pi-

---

[11] Michel Desmurget, *La fábrica de cretinos digitales. Los peligros de las pantallas para nuestros hijos*, Barcelona, Península, 2020.

[12] *Ibidem*, cap. 6.

[13] En este sentido, por ejemplo, la pedagoga *progre* Elena Martín Ortega, catedrática de Psicología Evolutiva y de la Educación y coautora de la LOMLOE, afirma, en *Público*: «Que haya alumnado que aprenda más por un tutorial de YouTube debe hacernos pensar», en «Así será el Bachillerato: más feminismo, memoria histórica y un "cambio cultural" en la forma

zarra y tizas. Es el caso, por ejemplo, de un procedimiento ejemplar que incluso aparece, como elemento muy favorable, en las rúbricas para evaluar a los opositores a profesor o profesora de educación secundaria en algunas comunidades autónomas: la llamada *flipped classroom*[14]. Poco más o menos consiste en que las explicaciones sobre los contenidos de la materia se cursan a través, fundamentalmente, de videos *online* en casa, y el aula sirve para hacer actividades más o menos prácticas y más o menos grupales sobre los contenidos vistos previamente de manera individual en la pantalla. Es la clase «al revés» o «invertida», y casa perfectamente con el ideal DUA que pretende que el profesor o profesora deje de explicar las cosas y que cada alumno o alumna practique en el aula con actividades perfectamente *personalizadas*. El problema es que tanto la experiencia práctica como el consenso científico son taxativos a este respecto: teniendo en cuenta el efecto deficitario del video, estos procedimientos solo pueden empeorar la calidad de los aprendizajes.

Desmurget no se cansa de demostrar que hay un auténtico consenso entre los investigadores acerca de la nocividad de las pantallas en la formación de niños y adolescentes, por mucho que los medios destaquen a gritos los pocos estudios que dicen poner en duda tal cosa y que, por lo general, merecen poca credibilidad o directamente no contradicen, si se revisan a fondo, lo que demuestra más del 90% de las investigaciones[15]. En general, concluye, «es mejor dedicar tiempo a las interacciones humanas,

---

de aprender», *Público.es*, 05/04/2022 [https://www.publico.es/sociedad/sera-bachillerato-feminismo-memoria-historica-cambio-cultural-forma-aprender.html].

[14] [https://actualidaddocente.cece.es/hablamos-con/raul-santiago-espana-es-uno-de-los-paises-donde-mas-se-hace-flipped-classroom-y-donde-mas-interes-hay/].

[15] La primera parte de su grueso volumen *La fábrica de cretinos digitales. Los peligros de las pantallas para nuestros hijos* está dedicada casi por completo a un análisis agudo y exhaustivo del comportamiento mediático en favor de la generalización del uso de las TIC y en contra del consenso científico, con, sin exagerar, centenares de ejemplos. Desmurget no puede evitar sugerir que detrás de ese casi consenso de los medios en la exaltación tecnológica hay una explicación grisácea y desalentadora: hay mucha pasta en juego.

sobre todo intrafamiliares, que a las pantallas»[16]. Y no deja de extrañarse de que, ante semejante clamor proveniente de la investigación científica, las administraciones públicas insistan una y otra vez en acicatear la penetración de lo digital en las aulas. Pone como ejemplo el informe PISA de 2015, que tiene un apartado específico sobre la relación entre la inversión en TIC y los resultados académicos, y reproduce la siguiente cita:

A pesar de las considerables inversiones en ordenadores, conexiones a internet y programas informáticos educativos, existen pocas pruebas sólidas de que un mayor uso de los ordenadores por parte de los estudiantes conduzca a una mejora de las puntuaciones en matemáticas y lectura[17].

Más bien, afirma el autor francés, sucede lo contrario. Frente a los ríos de eufemismos y matizaciones con que los responsables de la investigación de la OCDE envuelven sus conclusiones, los datos son contundentes y los redactores no tienen otro remedio que reconocerlo en la letra más bien pequeña, fuera de los titulares con los que tanto matizan lo que el estudio desvela:

En los países en los que los estudiantes utilizan de forma más habitual internet en la escuela para sus tareas, de media los resultados de lectura han empeorado. De igual modo, la competencia en matemáticas suele ser inferior en los países o economías en los que la proporción de alumnos que emplean ordenadores durante las clases de esta asignatura es mayor[18].

UN ECOSISTEMA VIRTUAL QUE HACE DAÑO A LAS MENTES DE LOS NIÑOS

Desmurget es partidario de restringir activamente el uso de pantalla de niños y adolescentes. Con datos abrumadores, lo relaciona, por ejemplo, con la pérdida de tiempo y calidad en el

---

[16] M. Desmurget, *La fábrica de cretinos digitales*, cit., p. 296.
[17] *Ibidem*, p. 264.
[18] *Ibidem*.

sueño diario[19], lo cual tiene preocupantes efectos en la formación. Asimismo, relaciona el «consumo de pantallas» con el sedentarismo y la obesidad, y con la exposición desenfrenada a mensajes de riesgo para los menores relacionados con el consumo de drogas como el alcohol o el tabaco, la pornografía o la violencia.

En su libro, dedica veinte páginas a desmentir algunos reportajes de prensa y dictámenes académicos dudosos acerca de los supuestos beneficios de los juegos de acción de consola u ordenador[20], y recopila un conjunto incontestable de trabajos científicos que apoyan varias ideas que contradicen lo que la indecente parcialidad de los medios ha acabado por convertir casi en sentido común. Desmurget reconoce que los videojuegos entrenan lo que se denomina «atención visual», que es la capacidad de reaccionar con rapidez ante un estímulo visual repentino que pueda aparecer en cualquier lugar de la pantalla. A continuación, muestra toda una serie de trabajos científicos que desmienten que este tipo de atención sea útil para cosas tales como mejorar en la práctica de ningún deporte o la conducción de vehículos y explica detenidamente por qué. También desmiente algunas afirmaciones falsas de fuentes, en realidad, poco cualificadas ampliamente difundidas por los medios de comunicación acerca de que los videojuegos podrían mejorar la capacidad de concentración. Los docentes de secundaria sabemos que este tipo de chorradas han venido sirviendo de rumor de fondo para justificar el fervor con el que se nos trata de imponer la idea de que tenemos que convertir, de algún modo, los ejercicios de nuestras materias en pretextos para videojuegos *didácticos*… El caso es que el científico francés razona, siempre sobre la base de amplios datos experimentales, cómo el proceso mental de la *atención* es prácticamente lo opuesto a esa atención visual que estimula el videojuego y que describe como «atención exógena difusa». Si lo que queremos es que nuestros alumnos y alumnas se *concentren*, para que sus cerebros reduzcan la actividad de los centros cognitivos relacionados

---

[19] *Ibidem*, pp. 345 y ss.
[20] *Ibidem*, pp. 112-132.

con el procesamiento de los estímulos del entorno y así permitan que la actividad mental se centre en el objeto de estudio o comprensión, precisamente lo que no necesitaremos es la capacidad de estar atento *a todo* lo que te rodea sin centrarse realmente en nada. Desmurget afirma:

> Mezclar estos dos tipos de atención por una cuestión de mera homonimia es, como mínimo, inapropiado, especialmente si se tiene en cuenta que ya se ha demostrado con claridad que el proceso de dispersión de la atención provoca, por fuerza, importantes efectos negativos en la concentración: cuando entrenamos la capacidad de procesamiento visual rápido, aumentamos la facilidad con la que nos distraemos con los movimientos del entorno[21].

Y concluye algo muy importante: el incremento de la capacidad de distracción se aprende activamente. Se puede afirmar sin riesgo de equivocarse que los videojuegos tienen «un impacto profundamente negativo en la atención focalizada, o sea, en la concentración». Los profesores de secundaria sabemos bien de qué está hablando el neurocientífico francés...

En realidad, entrenadores de la dispersión son todos los medios de ocio digital, que están diseñados para *enganchar* a las personas. Así lo reconoció Sam Parker, expresidente fundador de Facebook, que declaró en 2017 que las redes sociales como la que había presidido, desde el mero comienzo, se diseñaron para explotar «una vulnerabilidad de la psicología humana», en concreto la organización de «pequeños chutes de dopamina» a través de dispositivos tales como los «me gusta». Parker llegó a afirmar que «solo Dios sabe lo que [las redes sociales] están haciendo a los cerebros de nuestros niños»[22]. Por aquellos días, Chamath Palihapitiya, exvicepresidente de Facebook, también se unió al coro de los arrepentidos cuando afirmó, entre otras cosas, que «yo puedo controlar lo que hacen mis hijos ¡y no les

---

[21] *Ibidem*, p. 128.
[22] [https://www.theguardian.com/technology/2017/nov/09/facebook-sean-parker-vulnerability-brain-psychology].

permito usar esa mierda!»[23]. En general, estos antiguos responsables del ecosistema de Silicon Valley relacionan el mundo de las redes sociales con un incremento de la falta de atención y de la impulsividad que está teniendo efectos graves en la difusión de desinformación y la generación de sectarismos e irracionalismos de todo tipo[24].

La patraña de los cerebros «multitarea»

Del mismo modo que hemos visto más arriba que Manfred Spitzer desmonta el mito de los llamados *nativos digitales,* Michel Desmurget se esfuerza en demostrar que mucho de lo que se ha venido diciendo sobre la supuesta transformación de los cerebros de los chicos y chicas de la llamada *Generación Z,* que serían verdaderas mentes multitarea a las que tendría que adaptarse el sistema educativo, es una sarta de gilipolleces sin ningún sostén científico[25]. El cerebro humano es incapaz de hacer dos cosas a la vez sin perder precisión, exactitud y productividad. En realidad, lo que se consigue es una extraordinaria superficialidad del procesamiento, que conduce, a la postre, a peores aprendizajes. La mente hace *malabarismos* para ir de una cosa a otra y luego a otra y luego volver a la primera, con una inevitable pérdida de información por el camino. De hecho, sucede que el cerebro tiene que dedicar una cantidad notoria de recursos precisamente a organizar esa locura, de modo que se reducen los que se emplean para cada una de las tareas simultáneas. Los profesores sabemos bien que no es nada bueno estudiar pendiente al mismo tiempo de la televisión y del móvil, con todo su jaleo de redes sociales y anuncios de internet; los estudiantes que proceden así suelen obtener malos resultados. Y eso lo corrobora de modo

---

[23] [https://www.theverge.com/2017/12/11/16761016/former-facebook-exec-ripping-apart-society].

[24] Un libro imprescindible y demoledor por sus conclusiones es *El valor de la atención,* de Johann Hari (Barcelona, Planeta, 2023).

[25] M. Desmurget. *La fábrica de cretinos digitales,* cit., pp. 330 y ss.

indiscutible la investigación científica. De hecho, Desmurget llega, por su cuenta, a conclusiones parecidas a las de Spitzer a partir de estudios experimentales distintos. Uno de los corolarios de la supuesta transformación cognitiva de las nuevas generaciones criadas en un entorno digital es que, como son multitarea, pueden atender en clase y tomar notas con el ordenador. Pero resulta que la investigación científica ha llegado a la conclusión de que es mucho mejor tomar apuntes a mano, porque, en palabras del autor francés, «el teclado permite tomar notas de un modo relativamente fluido y exhaustivo, pero la mano nos obliga a escatimar esfuerzos y, en consecuencia, a realizar un trabajo de síntesis y reformulación que resulta muy favorable para el proceso de memorización»[26]. De hecho, se ha demostrado que un mismo dato escrito se retiene mejor cuando aparece en un formato más difícil de descifrar… Además, en última instancia, los medios digitales básicamente *distraen* y aseguran, por tanto, peores aprendizajes.

Lo que los profesores sabemos bien es que esta *generación X* muestra, en general, menor comprensión lectora, menor léxico, menor cultura general, menos capacidad de atención y razonamiento que las anteriores[27]. Desmurget, después de sacar a colación un montón de datos sobre cómo los niños de primaria franceses cometen hoy en día muchas más faltas de ortografía que hace veintitantos años, y sobre cómo en los últimos diez años se han diagnosticado muchos más casos de trastornos en la adquisición del lenguaje[28], se burla de los mensajes triunfalistas de los analistas de la OCDE acerca de los resultados del informe PISA de 2012, que incluía un estudio de la capacidad de los chicos y chicas de resolver los problemas concretos de su vida cotidiana[29]. Cita a la pedagoga Sophie Vayssettes, analista de la OCDE, que

---

[26] *Ibidem*, p. 331.
[27] Javier Mestre, «¿Por qué los obligamos a leer?», septiembre de 2019 [https://www.eldiario.es/opinion/tribuna-abierta/obligamos-leer_129_1479270.html].
[28] *Ibidem*, pp. 301 y ss.
[29] [https://www.oecd.org/pisa/keyfindings/pisa-2012-results-volume-V.pdf].

afirma sobre estas pruebas, entre otras cosas, que «fuera del constreñimiento del contexto educativo, en el que los adolescentes sufren de ansiedad y falta de confianza en sí mismos, se muestran motivados, perfectamente capaces de realizar razonamientos lógicos, de pasar de lo concreto a lo abstracto, aplicando estrategias para comprender, utilizar la información y reajustar en caso de error»[30]. Después, el neurocientífico francés explica que los ejercicios que los estudiantes tuvieron que resolver consistían en hacer funcionar lo mejor posible un reproductor MP3, sacar billetes de tren al mejor precio en una máquina expendedora o manejar el mando a distancia de un aire acondicionado. Su conclusión no tiene desperdicio: «De repente, ese globo que parecía tan atractivo al principio se deshincha, sobre todo cuando nos damos cuenta de lo mucho que este retrato nos recuerda a los tristes gamma de *Un mundo feliz*, de Aldous Huxley. Una casta inferior de ejecutantes diligentes, generosos y contentos con su vida»[31].

EN CONCLUSIÓN

Si tomáramos en serio lo que es un clamor en la investigación científica, probablemente haríamos de la escuela un bastión de la formación analógica frente a la dura realidad *educativa* extraescolar que el universo TIC implica para nuestros niños, niñas y adolescentes. Los resultados del último informe PISA han sido alarmantes[32], y la propia OCDE afirma que los estudiantes que utilizan dispositivos digitales menos de una hora al día obtienen una media de 49 puntos más que los que se *enchufan* más de cinco horas. Estos son los resultados *postcovid* y reflejan, quizás, el impacto reductor del rendimiento y la formación que supuso

---

[30] [https://www.ledauphine.com/education/2014/04/02/les-ados-francais-doues-face-aux-problemes-du-quotidien].

[31] M. Desmurget. *La fábrica de cretinos digitales*, cit., p. 304.

[32] [https://www.oecd.org/newsroom/decline-in-educational-performance-only-partly-attributable-to-the-covid-19-pandemic.htm].

126

el salto adelante en la implantación de la enseñanza por medios digitales asociado a la pandemia.

Si bien el acceso a internet y el uso de pizarras digitales o proyectores de video puede ser una herramienta complementaria muy útil para profesoras y profesores, el grueso de la enseñanza debe ser analógico y manuscrito para conseguir el desarrollo cognitivo que necesitamos para poder tener una enseñanza a la altura de nuestros ideales ilustrados y de lo que entendemos que ha de ser una ciudadanía libre y bien formada. No basta con la disposición a prohibir los móviles en la escuela, que tras el varapalo del último informe PISA parece que se está planteando el gobierno de España[33]; es preciso detener el delirio distópico de la tecnificación acelerada de las aulas y la consiguiente ruptura del espacio de los universales para la completa *individualización* de la actividad a través de las pantallas, que no solo rompen el milagro del aula sino que limitan gravemente el aprendizaje y la formación de los estudiantes. Ya hemos visto que lo que se ha demostrado que mejor funciona, el profesor instructivo activo, trabaja con pizarra y tiza, y sus alumnos y alumnas, con el esfuerzo cognitivo de la escritura a mano sobre papel. Necesitamos asimismo formar *grandes lectores*[34], capaces de concentrarse en la lectura profunda, de libros, en las antípodas del *picoteo* superficial que caracteriza a la cultura digital dominante. En fin, la escuela tiene una grave responsabilidad en estos tiempos en los que la tecnología conspira con las fuerzas de la economía para quebrar definitivamente el proyecto político ilustrado de una sociedad de ciudadanas y ciudadanos cultos y, por tanto, libres y capaces de gobernarse a sí mismos a través de sus instituciones democráticas basadas en el diálogo y los valores de la razón.

---

[33] [https://www.eldiario.es/sociedad/gobierno-propone-comunidades-prohiban-movil-escuela_1_10765165.html].

[34] Como vimos más arriba en este libro, es un concepto central del interesante planteamiento de Marianne Wolf en *Lector vuelve a casa*, cit.

Medio siglo en la Escuela
Epílogo autobiográfico

Carlos Fernández Liria

> La modestia es un rasgo propio de la ciencia, no ya porque el científico se lo proponga, deontológicamente, como una virtud, sino porque, siendo lo más característico de su actividad el mantenerse volcado totalmente hacia el interés por el objeto, tiende a sumirse de manera espontánea, en mayor o menor olvido de sí mismo.
>
> Rafael Sánchez Ferlosio.

Añado este epílogo de carácter autobiográfico[1] porque pienso que puede arrojar luz sobre el sentido de lo que hemos defendido hasta aquí. Aunque hemos trabajado en común, este librito ha sido redactado fundamentalmente por Javier Mestre, habida cuenta de que es él quien está día a día a pie de aula, lidiando con la realidad actual de la escuela pública. Pero todo cuanto hemos expuesto hasta aquí tiene una historia que se remonta a tiempos más antiguos, cuando yo mismo era alumno de primaria y secundaria, en los años sesenta y, más tarde, profesor de instituto en los ochenta.

---

[1] Este texto es una versión ampliada del que ya se publicó en un libro colectivo que puede ser muy oportuno recomendar aquí: *El filósofo como educador* (Madrid, Guillermo Escolar, 2023). Se trata de una recopilación de artículos en torno a la relación entre filosofía y docencia, en el marco de una defensa de las asignaturas de filosofía en las aulas de la enseñanza secundaria. La edición corrió a cargo de Felipe M. Ignacio y en él encontramos artículos de Felipe Ledesma, Ignacio Pajón, Pilar Mancebo, Soledad G. Ferrer, José Sánchez Tortosa, Ramón Rodríguez García, J. M. Navarro Cordón, Miguel García-Baró y Ana Rioja. Recientemente, Felipe M. Ignacio ha coordinado y editado un libro impresionante, con un estudio introductorio que es una verdadera joya para la reflexión sobre la escuela pública: *La formación del ciudadano. El debate francés sobre el sistema educativo republicano en sus textos (1791-1905)*, Madrid, Guillermo Escolar Editor, 2023. La selección de textos que recoge esta obra es asombrosa y su lectura en estos tiempos que corren, es tan impactante que uno se queda sin habla.

1. La renovación permanente

Fui catedrático de filosofía en la enseñanza secundaria a los 22 años, en 1982. A mis sesenta y cuatro años, ya puedo decir sin exageración que el mundo de la enseñanza ha ocupado toda mi vida. Dieciocho años como alumno y cuarenta y dos como profesor. He visto cosas prodigiosas, he sido testigo de fenómenos espectaculares y asombrosos. En general, he experimentado tanta felicidad, tanta dicha, tantas alegrías, que difícilmente se me ocurre algún destino mejor para llenar una vida.

Y eso que no empecé con buen pie. En pleno franquismo, ingresé en un colegio religioso masculino, lleno de curas normalmente pedófilos, algunos de ellos sádicos que hoy estarían en la cárcel, un verdadero muestrario de perturbados mentales. El ambiente que la separación de sexos, el machismo, la homofobia, el franquismo, la obsesión por el fútbol y, sobre todo, el nacionalismo católico pseudofalangista lograban generar entre los alumnos era asfixiante. Recientemente, me he vuelto a encontrar con muchos compañeros de mi clase y me ha sorprendido ver a unos señores a los que ahora ya, a toro pasado, podría incluso llegar a tener cariño. Pero lo que recuerdo de los años que pasé con ellos fue un abismo carcelario, como si hubiéramos compartido un campo de concentración regido por la ley de la selva, en el que se ascendía socialmente tanto más cuanto más matón y más canalla eras. No era culpa nuestra, desde luego, ahora lo puedo colegir con claridad. Era la mezcla del fascismo y del catolicismo y, sobre todo, de la ausencia de niñas y de profesoras, esa mutilación bestial que conlleva la separación de sexos en la escuela.

Todo giraba en torno al sexo, sobre todo la religión: los confesionarios, los ejercicios espirituales, las tablas de gimnasia, las sesiones de castigo y las palizas que recibían los niños. Cuando hoy se habla a veces, por parte de la derecha y la extrema derecha de «adoctrinamiento» en las aulas, uno no puede dejar de recordar aquellos tiempos en los que la educación sexual de los niños había sido encomendada exclusivamente a calenturientos pedófilos obsesionados con la masturbación, los pensamientos impuros y las penas del infierno. El machismo homófobo era la norma habitual y estaba incluso explícitamente incentivado. Los castigos corporales permitían desplegar un sadismo apenas encubierto, pero socialmente normalizado. La censura y la mentira blindaban un adoctrinamiento totalitario sin fisuras.

Así pues, esto es lo que debo a la Iglesia católica y a la enseñanza religiosa. La peor época de mi vida y la conciencia del infierno en el que la educación privada es capaz de convertir el mundo de la enseñanza. Desde entonces tengo muy claro que la tan celebrada por la derecha «libertad de enseñanza» no es más que un eufemismo para nombrar el adoctrinamiento más inflexible. Tan convencido quedé de ello que siempre me he negado a distinguir a este respecto entre experimentos de derechas o de izquierdas. No he parado de repetirlo: los padres, de izquierdas o de derechas, tienen derecho a educar a sus hijos e hijas según sus propios valores. Pero no tienen derecho a impedirles conocer o experimentar otros valores diferentes. Y esto es lo que ocurre cuando unos padres del OPUS encierran a sus hijos o hijas en una escuela del OPUS para que les eduquen profesores del OPUS según el ideario del OPUS junto a otros compañeros que son también hijos e hijas de padres del OPUS. Y es también lo que ocurre cuando los padres de izquierdas meten a sus hijos o hijas en una escuela concertada de ideario izquierdista, *progre*, *hippie*, anarquista o *chupiguay*. De este totalitarismo doméstico que se cierne sobre los niños hasta los 18 años, solo puede librarnos el más fantástico de los inventos que hizo la humanidad gracias a la Ilustración: la escuela pública estatal. Es la única institución que se ha demostrado eficaz para preservar el más elemental de los derechos que puede tener un niño, el de librarse de sus padres, el de ser capaz de ver más allá de sus prejuicios, sus dogmas y sus doctrinas. Es el único acceso que se puede brindar a la infancia para vislumbrar lo que significa la objetividad.

La escuela pública es, en verdad, la palanca que permite a los niños hacer el descubrimiento más crucial de toda su vida, el descubrimiento de que el mundo no es simplemente una prolongación de su familia. Este es el presupuesto más trascendental de toda futura madurez. Es el punto de Arquímedes a partir del cual es posible movilizar un mundo objetivo, comenzando por relativizar los más firmes dogmas impuestos en la infancia. La escuela pública tiene que ser un lugar seguro, a salvo de la familia, la tradición y la ideología en general. He tenido noticia reciente de que en una reunión de evaluación en la que se discutía el caso de una muchacha latina de 16 años en la que se observaba un comportamiento huidizo y ensimismado, la tutora del grupo indicó: «Hay que tener mucho cuidado y tener en cuenta que María sufre una situación tan sumamente grave en su casa que su único lugar seguro es este». Es una buena definición de lo que aspira a ser la escuela pública: un lugar seguro, un lugar en el que, desde luego, no te pegan, te insultan o te violan, un lugar a salvo también del adoctrinamiento de las sectas, las religiones o la tradición. En este sentido, en efecto, la escuela pública es, para muchos y muchas, el único espacio de libertad que se experimentará en toda la vida, más allá de las presiones familiares y de la sumisa dependencia al mercado laboral que se experimentará en el futuro. La escuela es, por sí misma, una «educación para la ciudadanía».

Yo no conocí la enseñanza pública hasta que no entré en la universidad, con dieciséis años. Fue la sensación de salir por primera vez al mundo, la primera noticia de que el mundo existía, en realidad. Para empezar porque había ahí un muestrario de profesores de tendencias políticas y de convicciones morales muy diversas. Junto a las últimas reliquias del franquismo, catedráticos fosilizados a punto de jubilarse, germinaba ya un ejército de profesores no numerarios más jóvenes lo suficientemente distintos entre sí para que uno pudiera juzgar con un atisbo de objetividad. La endogamia estatal, en efecto, ni siquiera bajo el franquismo había podido generar esa unanimidad ideológica que la empresa privada genera por sí misma filtrando contratos y despidiendo disidentes. Gracias a algunos ejemplos eminentes, experimenté lo que era y lo que significaba la «libertad de cátedra», un descubrimiento que me marcó para siempre y que, de alguna forma, puede decirse que me enamoró. La imagen de un profesor armado con una tiza y una pizarra con libertad de cátedra para enseñar sobre una pequeña tarima que marca, en efecto, la diferencia entre el saber y la ignorancia, me pareció, en efecto, el espectáculo más bello que podía concebirse. Y sin duda que conocí a profesores ignorantes, pedantes, equivocados o inútiles. De ello concluí que era preciso que el acceso a la función pública tuviera las mayores garantías posibles. Pero la imagen final tenía que parecerse a la original: un profesor capaz de enseñar, capaz de transmitir lo que él sabe y, en cambio, tú, que eres su alumno, no. Este es el átomo más elemental de la enseñanza y es a partir de ahí y con ese material, y no con ningún otro, como hay que pensar el problema.

Pese a que a algunos les parecerá insistir en una obviedad, me interesa recalcar esta idea de que la fórmula elemental de la enseñanza es y debe ser invariable e insuperable, porque, de hecho, todas las reformas a las que he asistido, desde la LOGSE hasta el Plan Bolonia, han alardeado insensatamente de lo contrario. Siempre he visto que se recurría al mismo tópico, ya casi convertido en un chiste que los pedagogos suelen considerar gracioso. Desde los tiempos de Newton hasta hoy en día, se repite una y otra vez, todo ha cambiado: la forma de viajar, la de construir ciudades, la de hacer negocios… todo ha evolucionado. Hay algo, sin embargo, que permanece invariable. ¿El qué?, se pregunta sonriendo con un poco de sorna: «la forma de dar clase». Ya es hora, se dice, de que este modelo cambie y se reforme, incluso ya es hora de que se revolucione. Así pues, la idea misma de que un profesor enseñe a sus alumnos se considera una ocurrencia caducada y destinada a ser superada por el progreso. Y de este modo, las reformas se visten con ropajes progresistas e incluso izquierdistas. Pretender que hay cosas que deben ser conservadas a cualquier precio -para empezar, sin ir más lejos, la dignidad- se considera así propio de una mentalidad reaccionaria.

2. El imperialismo pedagógico: el rayo que no cesa

Desde los años ochenta los pedagogos y los tecnócratas de la educación aspiraban a colonizar el mundo de la enseñanza, prometiendo siempre superar ese «modelo educativo» e inventar algo así como la pólvora. La cosa llegó con la LOGSE a la enseñanza secundaria y con el Plan Bolonia a la universidad. Por mi parte he asistido con perplejidad y asombro a los dos procesos, sorprendido por su insólita semejanza: los mismos tópicos, los mismos lugares comunes, las mismas frases hechas, los mismos chistes malos y las mismas recetas envenenadas. En algún lugar de EEUU, por lo visto, habían descubierto que el modelo de enseñanza era un completo fracaso, y que se necesitaba una «revolución cultural», un cambio radical que sustituyera la «cultura de la enseñanza» por la «cultura del aprendizaje», «poniendo al alumno en el centro». El diagnóstico en cualquier caso era unánime: la enseñanza fracasaba porque los profesores no sabían enseñar. Esto habían concluido en no sé qué laboratorios pedagógicos unas personas que jamás habían pisado un aula, que no tenían la menor experiencia educativa, porque su tarea no era enseñar algo ni de matemáticas, ni de lengua, ni de historia, ni de filosofía, ni de física, ni de nada. Eran expertos en enseñar a enseñar. Entre otras cosas porque difícilmente habrían podido enseñar alguna otra cosa, porque no sabían nada, a excepción de una jerga que hablaban entre ellos, tomada en parte de la psicología y en parte del lenguaje empresarial y la gestión de recursos humanos. Proponían una «revolución educativa» que no era otra cosa que el plan mundial de convertir la enseñanza pública en un negocio rentable, millones y millones de euros que estaban ahí estancados en la enseñanza estatal y que había que «poner a trabajar» en el mercado. Pero para que se picara el anzuelo, la estrategia era invariable: en primer lugar, desprestigiar por completo lo que ya había, cargando las tintas ante todo sobre la incompetencia del profesorado; en segundo lugar, proponer un modelo idílico en el que desaparecerían las lecciones magistrales y el aprendizaje memorístico.

Yo tenía catorce años cuando empecé a escuchar esto de que había que acabar con el «aprendizaje memorístico»; eran los primeros años setenta, la época de los Beatles y los hippies. Cada vez que se ha querido hacer una reconversión económica del mundo de la enseñanza, se ha vuelto a salir con esto de acabar con el aprendizaje memorístico, una y otra vez, pese a que se suponía que ese tipo de aprendizaje ya había sido suprimido la vez anterior. Vuelve a salir de nuevo la famosa lista de los reyes godos, que yo mismo ya no estudié, pero que sigue poniéndose como ejemplo de aquello con lo que hay que acabar pasado mañana. Corría el año 1970 cuando algunos jóvenes profesores e ideólogos de la enseñanza anunciaron ya que se avecinaba una «revolución educativa» sin parangón, que no tendría marcha atrás y que cambiaría por completo la «cultura del aprendizaje», acabando con las lecciones magistrales, los «apuntes amarillos» y la disciplina carcelaria de la escuela. En esos años se trataba de una herencia bienintencionada del «pidamos lo imposible» de mayo del sesenta y ocho, que no por eso dejaba de ser bastante miope. Pero este mensaje ingenuamente honesto, se convirtió en seguida en una machacona y rutinaria retórica que volvía sin cesar a repetirse cada vez que había que emprender una reforma legislativa en educación. Es como si algunos hubieran descubierto que gracias a esa cantinela podían hacerse pasar por «expertos», autoproclamándose «pedagogos» o «sociólogos de la educación».

La famosa «revolución» siempre consiste en lo mismo, y regresa cíclicamente cada diez o doce años. Hay que hacer las clases más pequeñas, con los alumnos dispuestos en círculo, para que aprendan investigando y dialogando, y si puede ser jugando. Evaluación continua, atención a la diversidad, fin de las notas numéricas... Todo se repite una y otra vez, cada vez que más bien y aprovechando la confusión se está haciendo todo lo contrario: recortar el presupuesto de la enseñanza pública, suprimiendo recursos y, sobre todo, profesores. Llevo cincuenta años asistiendo a esta jugada y siempre es la misma. Los pedagogos se encargan de la propaganda, vistiéndola además con ciertos tintes *progres* o izquierdistas, y mientras tanto los gobiernos se encargan de la reconversión económica de ese gigantesco negocio que potencialmente supone la enseñanza. Luego vienen las lamentaciones, cuando todo empeora aún más: «la idea era buena, pero faltaron recursos económicos, faltó financiación». Pasó con la LOGSE, pasó con Bolonia. Todo menos reconocer la verdad: que el verdadero plan era la reconversión económica, y que la «idea» no era más que una tapadera propagandística para disimular.

3. La belleza de la escuela pública

Y el caso es que el edificio de la enseñanza pública, aunque muy deteriorado, sigue en pie. Una vez escuché a un arquitecto decir que las casas tienen «tendencia a no caerse». Se refería a esas casas de pueblo que, con las paredes inclinadas y llenas de barrigas, apuntaladas con remiendos y vigas accesorias, siguen ahí erguidas desafiando el paso del tiempo. Con la enseñanza pasa un poco lo mismo, es un edificio que tiende a no caerse. Y viendo algunos institutos y colegios uno no deja de asombrarse de que sea así. La erosión neoliberal los ha abocado a una situación imposible. Sobre todo a causa de la enseñanza concertada y privada, que logra filtrar al alumnado menos problemático, dejando a una enseñanza pública cada vez más abandonada el material humano más difícil y más necesitado de recursos.

¿Cómo es posible que la cosa siga resistiendo en pie? La respuesta tiene algo de impresionante. Si en virtud de la larga experiencia que he acumulado me preguntaran a mí, respondería que la razón fundamental reside en el hecho de que la enseñanza pública estatal es una institución tan increíblemente bella que nunca falta heroísmo, voluntad y compromiso por parte de los profesionales que la mantienen en pie, pese a todas las agresiones y toda la precariedad a las que se les ha sometido. Belleza y heroísmo. Ocurre lo mismo en la sanidad pública, sobre todo allí donde está muy abandonada y precarizada, como en la Comunidad de Madrid, donde uno se sigue sorprendiendo de que los profesionales de enfermería y los auxiliares sigan mimando a sus pacientes con una vocación cercana al heroísmo o la santidad[2]. Solo el amor a una profesión puede explicar que estos edificios en ruina que son la enseñanza y la sanidad pública sigan manteniéndose todavía en pie.

---

[2] Recientemente, Santiago Alba Rico, escribió un texto en este sentido, a raíz de una escabrosa experiencia hospitalaria en la ciudad de Madrid: «Vocación y sistema», *Ctxt*, 08/08/2022 [https://ctxt.es/es/20220801/Firmas/40526/carta-al-suscriptor-comunidad-Santiago-Alba-Rico-capitalismo-izquierda-Charles-C-Mann.htm].

Y de esto es de lo que nos habíamos propuesto hablar: de la belleza que se esconde en la enseñanza pública estatal. Quizás sea algo que se aprecia mejor desde la filosofía que desde cualquier otra perspectiva. No hay que devanarse mucho los sesos para comprender el motivo. El sistema de instrucción pública a cargo del Estado fue un invento de una revolución, la Revolución francesa, que, como en su día señaló Hegel, fue «obra de la filosofía»[3]. No es extraño, por tanto, que sean precisamente los filósofos los más sensibles ante las agresiones que tienden a minarlo o corromperlo.

La escuela pública en todos sus niveles (también en los estudios superiores) ha sido la más bella de las conquistas que las clases trabajadoras han aportado a la historia de la humanidad. Este es el punto de partida de nuestro libro *Escuela o Barbarie*[4]. Y es, desde luego, lo contrario de lo que se ha repetido sin cesar en estas supuestas «revoluciones educativas» de las que hemos venido hablando, en las que la calumnia ha sido el instrumento más generalizado.

Hay que comenzar por ahí: *el punto de partida estaba bien*. El punto de partida es algo así como lo que llevó a Albert Camus a dedicar su premio Nobel a su maestro, el señor Germain:

París, 19 de noviembre de 1957

Querido señor Germain:

Esperé a que se apagara un poco el ruido de todos estos días antes de hablarle de todo corazón. He recibido un honor demasiado grande, que no he buscado ni pedido. Pero cuando supe la noticia, pensé primero en mi madre y después en usted. Sin usted, sin la mano afectuosa que tendió al niño pobre que era yo, sin su enseñanza no hubiese sucedido nada de esto. No es que dé demasiada importancia a un honor de este tipo. Pero ofrece por lo menos la

---

[3] He insistido más despacio en esta idea en mi artículo «Sobre la utilidad de la filosofía», *Público*, 31/10/2021 [https://blogs.publico.es/dominio-publico/40782/sobre-la-utilidad-de-la-filosofia/].

[4] C. Fernández Liria, O. García Fernández y E. Galindo Fernández, *Escuela o barbarie*, cit.

oportunidad de decirle lo que usted ha sido y sigue siendo para mí, y de corroborarle que sus esfuerzos, su trabajo y el corazón generoso que usted puso en ello continúan siempre vivos en uno de sus pequeños escolares, que, pese a los años, no ha dejado de ser un alumno agradecido. Un abrazo con todas mis fuerzas,

Albert Camus

Su maestro, el señor Germain, le respondió con unas palabras muy hermosas que deberían ser investigadas para saber en qué debe consistir la enseñanza, tanto más cuanto más se están olvidando las cosas más elementales, como, por ejemplo, esta, el hecho obvio de que el mundo de la enseñanza no tiene que ver ni con la formación de capital humano ni con la habilitación de «competencias» y «destrezas» para desenvolverse en la selva del mercado laboral, sino con una cosa que se llama, de forma muy elemental, «amor a la verdad» y, también, «derecho a buscarla».

Mi pequeño Albert:

He recibido, enviado por ti, el libro Camus, que ha tenido a bien dedicarme su autor, el señor J.-Cl. Brisville.

Soy incapaz de expresar la alegría que me has dado con la gentileza de tu gesto ni sé cómo agradecértelo. Si fuera posible, abrazaría muy fuerte al mocetón en que te has convertido y que seguirá siendo para mí «mi pequeño Camus».

Todavía no he leído la obra, salvo las primeras páginas. ¿Quién es Camus? Tengo la impresión de que los que tratan de penetrar en tu personalidad no lo consiguen. Siempre has mostrado un pudor instintivo ante la idea de descubrir tu naturaleza, tus sentimientos. Cuando mejor lo consigues es cuando eres simple, directo. ¡Y ahora, bueno! Esas impresiones me las dabas en clase. El pedagogo que quiere desempeñar concienzudamente su oficio no descuida ninguna ocasión para conocer a sus alumnos, sus hijos, y estas se presentan constantemente. Una respuesta, un gesto, una mirada, son ampliamente reveladores. Creo conocer bien al simpático hombrecito que eras y el niño, muy a menudo, contiene en germen al hombre que llegará a ser. El placer de estar en clase resplandecía en toda tu persona. Tu cara expresaba optimismo. [...]

He visto la lista en constante aumento de las obras que te están dedicadas o que hablan de ti. Y es para mí una satisfacción muy grande comprobar que tu celebridad (es la pura verdad) no se te ha subido a la cabeza. Sigues siendo Camus: bravo. […]

Hace ya bastante tiempo que no nos vemos.

Antes de terminar, quiero decirte cuánto me hacen sufrir, como maestro laico que soy, los proyectos amenazadores que se urden contra nuestra escuela. Creo haber respetado, durante toda mi carrera, lo más sagrado que hay en el niño: el derecho a buscar su verdad. Os he amado a todos y creo haber hecho todo lo posible por no manifestar mis ideas y no pesar sobre vuestras jóvenes inteligencias. Cuando se trataba de Dios (está en el programa), yo decía que algunos creen, otros no. Y que en la plenitud de sus derechos, cada uno hace lo que quiere. De la misma manera, en el capítulo de las religiones, me limitaba a señalar las que existen, y que profesaban todos aquellos que lo deseaban. A decir verdad, añadía que hay personas que no practican ninguna religión. Sé que esto no agrada a quienes quisieran hacer de los maestros unos viajantes de comercio de la religión, y para más precisión, de la religión católica. En la escuela primaria de Argel (instalada entonces en el parque Galland), mi padre, como mis compañeros, estaba obligado a ir a misa y a comulgar todos los domingos. Un día, harto de esta constricción. ¡metió la hostia «consagrada» dentro de un libro de misa y lo cerró! El director de la escuela, informado del hecho, no vaciló en expulsarlo. Esto es lo que quieren los partidarios de una «Escuela Libre» (libre… de pensar como ellos). Temo que, dada la composición de la actual Cámara de Diputados, esta mala jugada dé buen resultado. *Le Canard enchaîné* ha señalado que, en un departamento, unas cien clases de la escuela laica funcionan con el crucifijo colgado en la pared. Eso me parece un atentado abominable contra la conciencia de los niños. ¿Qué pasará dentro de un tiempo? Estas reflexiones me causan una profunda tristeza. […]

Recuerda que, aunque no escriba, pienso con frecuencia en todos vosotros. Mi señora y yo os abrazamos fuertemente a los cuatro. Afectuosamente vuestro.

4. Incentivos y Recortes

El gran problema de las reflexiones pedagógicas del siglo xx y el xxi es que comenzaron por llevarle la contraria a Aristóteles, como si no fuera verdad que «todos los seres humanos desean por naturaleza saber». Así pues, puesto que el saber dejaba de ser considerado un incentivo por sí mismo, la enseñanza se veía abocada a buscar todo tipo de incentivos externos que encaminaran al niño y al joven hacia el aprendizaje, como si no se pudiera llegar a saber algo más que como efecto colateral de una satisfacción lúdica con otra cosa. En realidad, lo que así se persigue es contradictorio, contraproducente y perverso: llegar al saber incentivando en el alumno todo aquello que le separa del saber. A esto se llama «poner al alumno en el centro». En lugar de encaminar a los alumnos hacia el conocimiento, centrándose en el conocimiento mismo, se decide estudiar psicológicamente al alumno mismo para adaptarse a él, para educarle emocional y conductualmente, amaestrándolo para el aprendizaje. En verdad, a este respecto, nadie se expresó con tanta claridad y contundencia como Rafael Sánchez Ferlosio en los años ochenta[5]:

> Los contenidos de la enseñanza en cuanto tales, los conocimientos en sí mismos [...] por su propia condición exigen que sea él [el estudiante] el que salga a buscarlos fuera, en la pura intemperie impersonal, mostrenca, en la tierra de nadie en la que, por definición, surgen y están. Con esta insípida obviedad o perogrullada trato de disipar cualquier equívoco sobre la circunstancia de que los contenidos de enseñanza no pueden nunca adaptarse, en cuanto tales, a las idiosincrasias o a las condiciones personales de los estudiantes, sino que necesariamente han de ser estos los que tengan que adaptarse a las impersonales condiciones de los conocimientos. (...) La execrable jerga pedagógica moderna ha introducido recientemente la horrísona palabra «motivar». Al chico —ya pasaba en mis tiempos,

---

[5] Hemos citado ya unas cuantas veces este artículo de Rafael Sánchez Ferlosio en el libro: «Educar e instruir», *El País*, 29/07/2007 [https://el-pais.com/diario/2007/07/29/domingo/1185681159_850215.html].

aunque tal vez no hasta el extremo de hoy– no se consigue que le interese el contenido de las asignaturas por sí mismas, o sea el objeto que se le quiere dar a conocer (digamos la formación geológica de la corteza terrestre, con esas mismas costas o montañas a donde está deseando irse a veranear, para retozar por ellas como un borriquito con chandal). Entonces, no para crear en él un interés auténtico por el objeto en sí –interés que en el objeto mismo tendría su único motivo y hallaría su propia recompensa–, sino para remediar esa falta de interés con un sustitutivo que lo estimule a aplicarse, a despecho de su fobia, en el estudio de la asignatura, para obtener a la postre un resultado de conocimiento que solamente una pedagogía ignara o francamente falaz y deshonesta podría pretender equivalente al resultado de conocimiento obtenido a partir de un verdadero interés por el objeto, entonces, digo, se lo somete a la terapia sintomático-behaviourista de crearle o aplicarle, como de costado, alicientes exteriores capaces de «motivarlo» o, con aún más horrísona palabra, «incentivarlo» para que abra algún libro alguna vez.

Por mi parte he citado estos textos decenas de veces y no he sido el único. Desde los años ochenta somos miles los profesores que nos hemos aferrado a estas palabras de Ferlosio como a un talismán capaz de resumir en pocas líneas todo lo que había que responder al tsunami pedagógico que se nos venía encima. Era algo muy elemental, muy simple, en efecto. Pero no había manera de hacerlo entender. Ya hemos mencionado la verdadera causa de esta incomprensión: el hecho es que toda la jerga pedagógica con la que se vestía el proceso no era sino la mascarada de una contundente agresión a la infraestructura de la enseñanza pública. El desprecio por el conocimiento mismo en tanto que genuino incentivo para el aprendizaje venía ataviado de una retórica pedagógica supuestamente *progre* e izquierdista, pero, a la postre lo que terminaban por imponerse eran otras medidas mucho menos retóricas. Por ejemplo, como el conocimiento por sí mismo se convertía en una cuestión menor, se abrió la puerta a que el profesorado pudiera impartir «asignaturas afines». Esta decisión gubernamental pasó casi desapercibida, como una cuestión menor. Y, sin embargo, fue un verdadero cáncer que corroyó la enseñanza secundaria con consecuencias devastadoras, sobre las que no se ha reflexionado nunca bastante.

Al mismo tiempo, las plazas de funcionario comenzaron a retenerse y tacañearse, de tal manera que un ejército de interinos precarizados comenzó a engordar la plantilla. Tampoco esto ha sido suficientemente denunciado. Ha habido protestas desde el punto de vista sindical, con toda la razón del mundo. Pero el desastre epistemológico que se generaba no ha sido ni mucho menos tomado en serio de verdad. La enseñanza secundaria quedó en manos de un precariado inestable y descontento, en el que, además, los profesores impartían una docencia en la que no eran especialistas, puesto que podían cubrir todo un abanico de asignaturas «afines». Podía ocurrir que el profesor de lengua fuera de historia y el de historia de lengua. En los primeros tiempos, llegué a ver a profesores de francés explicando filosofía e incluso a algún profesor de filosofía impartiendo la materia de francés, sin saber francés. Las consecuencias fueron devastadoras desde el punto de vista que nos ocupa. Un profesor que no puede amar la materia que explica es el peor veneno que se puede inocular en la enseñanza, porque será incapaz de transmitir a los alumnos el amor por la materia que están estudiando. De este modo, como en una profecía autocumplida, el aprendizaje se convertirá en una pesadilla, tal y como vaticinaban, o más bien presuponían, los pedagogos y psicólogos al acecho, que entonces ofrecerán sus servicios para incentivar emocionalmente a los muchachos en lo que es, en realidad, una causa perdida: llegar a saber ahí donde falta el amor al saber.

Exactamente el mismo efecto devastador desde el punto de vista epistemológico tiene la precariedad del profesorado interino. Lo que la inestabilidad del profesorado robó a la enseñanza secundaria (también a la superior) fue ni más ni menos que el único «incentivo» legítimo para el aprendizaje, el asombro ante el milagro del conocimiento por sí mismo. Una obviedad filosófica, en efecto. Es una experiencia que no tiene otra receta que la de asistir al espectáculo de un profesor comprometido con lo que está explicando, capaz de amar lo que está diciendo. Y esto es imposible de conseguir sin tranquilidad, sin estabilidad y sin libertad de cátedra. Un ejército de interinos inestables, que imparten asignaturas afines a media jornada por periodos de seis meses o un año, a las órdenes de jefes de departamento lógicamente desquiciados, es la mejor manera de llevar a la ruina la enseñanza. Y una vez que se ha mutilado a la institución de su finalidad más propia, arruinando las condiciones en las que los profesores pueden ejercer su profesión, los institutos se enfrentan a la imposible tarea de mantener a los chicos entretenidos o encarcelados, eso ya da igual; una tarea de asistentes sociales y orientadores, en efecto, cuando no de policías.

Esta es la rutina diaria de muchos institutos de secundaria. Los profesores se han resignado ya a la imposibilidad de transmitir conocimientos y se afanan en inventar recursos para mantener un mínimo de disciplina, cuando no, sencillamente, se conforman con intentar sobrevivir. Porque, al mismo tiempo que se ha cercenado a la institución del fin que podría dotarle de sentido, la transmisión del conocimiento, el alumnado se ha filtrado y seleccionado cuidadosamente por la enseñanza concertada y privada, dejando a la enseñanza pública la población más difícil, más problemática y más necesitada de recursos. Más o menos en resumen: todos los alumnos que ni siquiera pueden soñar con tener una habitación para estudiar o unos padres que puedan asistirles haciendo los deberes, que no tendrán jamás un profesor particular o unas clases de apoyo de inglés, etc. Los profesores y profesoras, de este modo, se han especializado también en la gestión humana de problemas familiares inconcebibles, muchas veces aterradores. Y de este modo, a la ya aludida inestabilidad laboral de los interinos, se suma la inestabilidad debida a las bajas por depresión y por ansiedad, que son cada vez más frecuentes.

5. Evaluación y mercantilización

Con todo, tal y como decíamos antes, el edificio se mantiene milagrosamente en pie, con una resistencia que solo puede calificarse de heroica por parte de los docentes. En vano pueden esperar, sin embargo, reconocimiento o agradecimiento. Todo lo contrario, sobre ellos se ha desplegado todo un sistema de vigilancia asfixiante: la cultura de la evaluación. Se deposita sobre ellos la responsabilidad de todo este deterioro, en lugar de reconocer que son sus primeras víctimas. Se les obliga, así, a rendir cuentas. Los pedagogos, los inspectores y los orientadores (también los periodistas) pasan revista a la lista de objetivos alcanzados y frustrados, mediante la introducción de una pesadilla burocrática tediosa, ineficaz e incompresible. Los profesores que antes eran funcionarios y gozaban de libertad de cátedra, ahora son vigilados como presuntos delincuentes. De hecho, al contrario que los médicos o los jueces, que siguen gozando de un cierto prestigio social, la sociedad mira a los profesores con suspicacia y con desprecio. Más aún si los profesores son funcionarios y, por lo tanto, gozan de privilegios insólitos como las vacaciones pagadas y la estabilidad laboral. Gracias a una campaña de prensa que ya tiene muchas décadas, se les presupone holgazanes, caraduras y gandules, «como al resto de los funcionarios». Se les acusa de dejación de funciones en ocasión del menor contratiempo o fracaso escolar de los muchachos. Y entonces vienen los pedagogos con su diagnóstico invariable: ¡lo que falta es «formación del profesorado»! En definitiva, se responsabiliza al profesor de que el edificio está en ruinas, cuando más bien es por su esfuerzo y su dedicación por los que la ruina no se viene abajo.

En algunos capítulos de nuestro libro *Escuela o Barbarie*, me he ocupado de lo que ha ocurrido, en el mismo sentido, en la universidad; no es necesario insistir en ello ahora[6]. Ya señalé antes que lo que más sorprendente es que una idéntica agresión contra la enseñanza pública, se llevó a cabo con las mismas y exactas monsergas pedagógicas: la cultura del aprendizaje, la formación a lo largo de toda la vida, la primacía de las competencias y las destrezas sobre los conocimientos considerados como un fin en sí mismos, la flexibilidad y la evaluación de los profesores frente a la estabilidad del funcionariado, y, por supuesto, cómo no, el combate contra el aprendizaje memorístico y las «leccio-

---

[6] C. Fernández Liria, O. García Fernández y E. Galindo Fernández, *Escuela o barbarie*, cit., caps. VI y VII.

nes magistrales», ahondando en la convicción de que cualquier profesor puede ocuparse de cualquier asignatura, ya que, en el fondo, lo importante es que actúe como un acompañante del autoaprendizaje de sus alumnos. La misma carroña para conseguir los mismos fines, pero ahora respecto de la enseñanza superior. Todavía quedan algunas vueltas de tuerca que apretar, por supuesto. Pronto los grados se reducirán a tres años, marcando así la pauta de la enseñanza que se está dispuesto a financiar a precios públicos (que de todos modos son ya astronómicos, comparados con los de las antiguas licenciaturas de cinco años). Todo ello viene ocurriendo bajo el lema envenenado de «poner la universidad al servicio de la sociedad», que, en la práctica no ha venido más que a significar que los estudios superiores en la universidad pública deben ser sustituidos por una formación profesional capaz no ya de instruir sino más bien de «entrenar» a los jóvenes para el mercado laboral basura que les espera inevitablemente. Los estudios superiores propiamente dichos, por lo tanto, quedarán reservados a quienes puedan pagarlos a precio de máster.

Creo que es importante señalar que, en los diez años que duró la lucha contra el Plan Bolonia, tan solo las facultades de Filosofía se rasgaron las vestiduras ante el mencionado lema «una universidad al servicio de la sociedad». Se da la circunstancia de que lema en cuestión era, ni más ni menos, que el título del libro blanco que el Círculo de Empresarios editó para apoyar el Plan Bolonia[7]. En él se abogaba por acabar con el modelo «europeo» de universidad para sustituirlo por un «modelo anglosajón», mucho más flexible y acompasado con el ritmo empresarial de los negocios. En general, el movimiento anti-Bolonia denunció esta «mercantilización de la enseñanza». Pero solo en las facultades de Filosofía se denunció el lema en sí mismo. La universidad no debe estar «al servicio de la sociedad». Es todo lo contrario: la sociedad debe de estar orgullosa de tener una universidad. Y debe velar porque siga siendo una universidad y no

---

[7] Círculo de Empresarios, *Una Universidad al servicio de la sociedad*, Madrid, Círculo de Empresarios, 2007.

una escuela para los negocios y el mundo laboral. La universidad debe estar al servicio de la verdad y de la objetividad, no de la sociedad; de hecho representa el derecho que tiene la sociedad a tener acceso a la verdad y la objetividad. Es exactamente por la misma razón por la que no se trata de que el Derecho esté al servicio de la sociedad, sino de que la sociedad esté en «estado de derecho». El criterio de la rentabilidad económica es inepto para decidir sobre la verdad de un conocimiento, por el mismo motivo por el que es inepto para juzgar sobre la justicia o la legalidad de una sentencia.

De nuevo, es de este tipo de obviedades de las que se acuerda la filosofía en los momentos más críticos. Si los jueces son funcionarios, es para que no puedan ser *despedidos* por los poderes fácticos (ya sean económicos o gubernamentales) a raíz de las sentencias que dicten. Por la misma razón, no puede haber objetividad teórica sin libertad de investigación y de cátedra. Y la única manera de salvaguardarla es otorgando las plazas de profesor en propiedad, es decir, haciéndolos funcionarios. Todo lo contrario a la «flexibilización» que exigía poner la universidad «al servicio de la sociedad».

6. El esperpento del bilingüismo y la formación del profesorado

Y a ser posible, todo esto que viene ocurriendo en el mundo de la enseñanza, conviene que ocurra, por lo visto, en inglés. Es la guinda para la tarta, el más difícil todavía: lograr despertar el amor por el conocimiento de la historia o de la biología en unos muchachos que han estudiado a los visigodos en inglés y la reproducción de las plantas aprendiendo cómo se dice pistilo y corola en una lengua que no dominan. Y así hasta los estudios superiores, en los que, por ejemplo, se ensayará a explicar la analítica existencial de Heidegger (a quien le «faltó el lenguaje», nos dijo, de modo que el alemán le resultó insuficiente) en una lengua como el inglés que ni siquiera tiene subjuntivo y que la mayor parte de los profesores y de los alumnos dominan más o menos como una especie de esperanto para hacer turismo. Un espectáculo lastimoso y ridículo, una impostura que da mucha vergüenza.

Pero todo este deterioro del sistema de instrucción pública, que supone, desde luego, un naufragio civilizatorio sin precedentes, a los ojos de las autoridades académicas gubernamentales (asesoradas siempre por pedagogos y tecnócratas «expertos», jamás por profesores) no hace sino confirmar la necesidad de imponer una nueva cultura de la evaluación. También aquí se olvida lo más elemental y lo más simple. Si las ruinas de la enseñanza pública se han mantenido y se mantienen en pie es precisamente porque ya contaban con el sistema de evaluación más severo que puede llegar a concebirse. Todo profesor, en efecto, está continuamente vigilado y evaluado por la mirada de sus alumnos, a los que tiene que ganarse minuto a minuto con un rigor mucho más exigente y minucioso que el de cualquier inspección de servicios o cualquier agencia de evaluación. No puede minusvalorarse la alegría infinita que despierta en un profesor la sensación de haber captado la atención de sus alumnos, ni tampoco la depresión demoledora que supone una clase mal dada que ha salido torcida. Aquí reside, sin duda, la mayor garantía de que los profesores se esforzarán hasta el límite de sus fuerzas en hacer las cosas lo mejor posible. La única receta que hay que implementar para que este sistema de evaluación funcione ya está inventada y se llama libertad de cátedra. Básicamente se trata de dejar al profesor en paz para que pueda aportar lo mejor de sí mismo, por la cuenta que le trae.

Es decir, todo lo contrario de lo que se viene haciendo últimamente: suponer que si los profesores fracasan es porque tienen demasiada libertad de cátedra, porque no tienen suficiente formación pedagógica y porque no aplican las recetas que han inventado para él unos tecnócratas y pedagogos que, aunque jamás han pisado un aula, han estudiado mucho eso de cómo se enseña a enseñar y cómo se aprende a aprender. Así pues, si un profesor fracasa al explicar en inglés una asignatura «afín» para la que no está preparado, haciendo además una sustitución interina de seis meses en el culo del mundo y a unos alumnos hacinados por la ratio docente y escarmentados por una vida familiar inhumana o, a veces, inexistente, el diagnóstico es que ese profesor no estudió la suficiente pedagogía en el Máster de Formación del Profesorado y que lo que necesita es que le evalúe alguna agencia de evaluación.

Esto de la «formación del profesorado» merece, desde luego, un capítulo aparte. El hecho es que la única instancia educativa que jamás fue evaluada fue el famoso CAP, el Curso de Aptitud Pedagógica que rigió hasta el Plan Bolonia. Ni siquiera llegó a pasar los controles de los artículos comerciales que se venden en Amazon: la opinión de los clientes. La razón era bien sencilla: el sentir casi unánime de los profesores lo consideraba una abominación. No muy distinto es el caso del actual Máster de Formación del Profesorado, del que ya se ha visto en el texto de este libro que las pocas veces que se evalúa, sale muy mal parado… y, encima, es mucho más caro y mucho más largo que el CAP. Por lo general, lo imparten personas que no han conocido la enseñanza ni como profesores, puesto que no saben nada que se pueda enseñar, ni como alumnos, porque han estudiado una carrera absurda y vacía en la que era imposible aprender nada. Personas amargadas y frustradas por definición, pues jamás han podido vivir ninguna de las alegrías del conocimiento ni de la enseñanza, esa alegría con la que el físico explica física, el historiador historia, el filólogo lengua o literatura, el matemático matemáticas, el filósofo filosofía. Personas que viven perplejas intentando resolver un problema que no existe o que es irresoluble, el de cómo se puede despertar el interés por las matemáticas sin saber matemáticas, o por la historia o la biología sin saber ni historia ni biología. Todo sin caer en la cuenta de que la respuesta siempre ha estado ahí delante de sus narices: las matemáticas son el mejor incentivo para estudiar matemáticas, porque las matemáticas son apasionantes. Y la receta infalible es la de contar con un profesor que sepa matemáticas, que ame las matemáticas y que sea capaz de transmitir su entusiasmo al practicarlas.

Es curioso, también, que esta obviedad haya resultado imposible de entender para los profesores de matemáticas (que más bien se han comportado como si tuvieran que pedir perdón por algo), siendo de nuevo los profesores de filosofía los que hayan tenido que recordar el «no entre aquí quien no sepa matemáticas» que Platón colocó en el friso del mundo de la enseñanza.

Sin embargo, cada vez que los gobiernos han nombrado un nuevo ministro de Educación, este ha buscado asesoramiento en los autodenominados «expertos en educación», en lugar de buscar las vías para consultar a los profesores y a los estudiantes. Y en esto las izquierdas y las derechas han mantenido una extraña (o no tan extraña) unanimidad.

7. En busca de la fórmula pedagógica perfecta

Hemos hablado de una receta infalible y no lo es del todo, es verdad. Pero es que, te pongas como te pongas, en realidad, no hay otra: un profesor debe saber aquello que tiene que enseñar. Esta es la única posibilidad que existe de que sea un buen profesor capaz de interesar o incluso de entusiasmar a sus alumnos. Se arguye siempre el hecho de que hay profesores muy sabios que no saben enseñar. Y es cierto. Esto suele ocurrir cuando no te gusta la enseñanza, por mucho que domines tu materia. Pero se trata de un sofisma. Porque a estas personas no les enseñará a enseñar ningún curso de formación del profesorado, sencillamente no les interesa la enseñanza y punto. La única posibilidad de que haya un buen profesor de matemáticas es que sepa matemáticas, y esto sigue siendo invariable, por mucho que pueda darse el caso, desde luego, de que haya personas que sepan matemáticas y que no sepan o no quieran enseñarlas. Y desde luego, la única manera de «incentivar» a alguien que sabe matemáticas para que se apasione por enseñarlas es otorgarle libertad de cátedra. Las personas se esfuerzan por explicar mejor lo que saben, no lo que no saben.

Así pues, tras varias décadas ya de dar palos de ciego buscando la mejor fórmula pedagógica posible, resulta que la cosa ya estaba inventada: profesores funcionarios estables vitaliciamente con libertad de cátedra y prohibición de impartir «afines». Algo así como lo que había en los años ochenta, sí. Para conseguir este resultado es preciso, por descontado, una sólida financiación económica. Y también, por supuesto, un sistema de acceso a la función pública lo más sensato posible. Por definición, tiene que tratarse de oposiciones porque no se trata de contratar, sino de otorgar plazas en propiedad. Tiene que quedar muy claro que un profesor no debe ser considerado como un trabajador, sino como un propietario, un propietario de su función. Y para otorgar títulos de propiedad es preciso habilitar un sistema de oposiciones en el que todas las pruebas tengan carácter público, de modo que cualquier ciudadano que pase por ahí pueda ser testigo. Ni siquiera esto se ha respetado ya en las oposiciones de secundaria de la última década, en algunas comunidades autónomas los exámenes han dejado de ser leídos públicamente, so pretexto de preservar el anonimato, de modo que han sido corregidos por los miembros del tribunal de forma privada y a escondidas (llegando en ocasiones a repartirse los ejercicios entre los miembros del tribunal que de este modo han dejado de actuar de forma colegiada). El que este dislate no haya llamado apenas la atención es una prueba de que los principios mismos del sistema de oposiciones están completamente corrompidos. Pero la causa profunda de esta corrosión es que las autoridades gubernamentales ya no piensan realmente en fortalecer al funcionariado de la enseñanza, sino en ir poco a poco desembarazándose de él para sustituirlo por fórmulas de contratación más «flexibles».

Tal y como vengo insistiendo, también a este respecto resulta que la pólvora ya está inventada. Un profesor que va a obtener una plaza en propiedad para ejercer su profesión no puede ser elegido para ello más que por una discusión pública de otros profesores de la misma materia. Aquí no hay «expertos» que valgan. La única autoridad que tiene derecho a juzgar es la discusión pública entre aquellos que detentan la misma profesión en la misma materia. El resultado podrá parecer luego mejor o peor, pero es que no hay otra posibilidad que tenga pies y cabeza, porque ¿desde qué instancia se decidiría que es «mejor o peor» con más autoridad que la de quienes en su día aprobaron la misma oposición y llevan ya años y años ejerciendo su cargo de cara a los alumnos? El resultado no es infalible, pero es el único que no es un disparate.

Desde luego, el examen de oposición tiene que centrarse en los contenidos de la materia, en el conocimiento de la asignatura, para empezar porque es de sentido común, pero, además, porque es lo único que se puede medir con cierta objetividad. Lo que es imposible es valorar de forma objetiva si alguien será o no será un «buen profesor», para empezar porque no nos pondríamos nunca de acuerdo en lo que significa ser un buen profesor. También aquí la irrupción de la pedagogía ha resultado ridícula, patética. Despierta vergüenza ajena esa pretensión de que es posible medir la habilidad para enseñar de alguien por su dominio de esa ensalada de ítems didácticos formulados en la jerga de los objetivos, las competencias, las destrezas o, últimamente, de cosas tales como «la capacidad de liderazgo» o la «habilidad para el trabajo en grupo» y cosas así. Un catecismo pedagógico, por imbricado que sea, no es ninguna varita mágica para convertir a alguien en un buen profesor, ni siquiera es una muleta para apoyarse. Se le puede dar tantas vueltas a la cosa como se quiera, pero la única manera de apostar por un buen profesor de matemáticas, es pedirle que sepa matemáticas. No es una garantía, desde luego, pero es lo único que hay: la confianza de que una persona que sabe matemáticas, ama las matemáticas y, consiguientemente, tendrá interés en transmitirlas, en enseñarlas.

Sin duda que, pese a que el sistema de oposiciones funcione adecuadamente, acaba siempre por haber malos profesores que, de resultas, son propietarios de su función, de modo que la cosa no tiene remedio. La responsabilidad es obviamente del tribunal que los eligió, porque sus decisiones, en efecto, son de extrema importancia y de consecuencias duraderas, hay que ser muy consciente de ello (por eso convendría mimar con mucho cuidado, pagando adecuadamente, por demás, el proceso de oposiciones). En todo caso, si lo que ocurre es que el profesor incumple con su función, tampoco hay que inventar la pólvora, lo que hace falta es conseguir que la inspección de servicios funcione, cosa difícil, pero no imposible. Si lo que ocurre es que es sencillamente una nulidad docente o un incompetente que logró engañar o sobornar a un tribunal, pienso que no hay más remedio que aguantarles. Los errores de los tribunales se pagan a veces muy caros. Quizás a los malos profesores se les podría nombrar vizcondes y buscarles alguna utilidad ornamental o de algún otro tipo. Cualquier cosa menos renunciar al principio de que el funcionariado sea vitalicio, porque ahí reside la única garantía de la libertad de cátedra y, sobre todo, de la autonomía y la independencia frente a todas las presiones gubernamentales, empresariales o sociales. A nadie se le ocurría pensar en que los jueces pudiesen ser despedidos o cesados por dictar sentencias poco rentables o no adecuadas desde no sé qué criterios ideológicos o gubernamentales. En ello nos jugamos la división de poderes, y en el caso de los profesores es exactamente lo mismo: los funcionarios son la única garantía contra las presiones gubernamentales y los poderes privados.

Pero, de nuevo, resulta difícil hacer memoria sobre estas obviedades, en estos tiempos que corren, cuando los profesores y profesoras han accedido incluso a explicar un programa común *al mismo ritmo*, con exámenes comunes para los distintos grupos de una asignatura, un disparate que no se sabe quién ideó en su momento y, sobre todo, que no se entiende cómo pudo generalizarse sin que nadie protestara o planteara la más mínima objeción de principio.

En todo caso, estas consideraciones versan sobre el acceso del profesorado a la enseñanza secundaria, porque en la universidad ya no existe ningún sistema de oposiciones. En su lugar rigen las acreditaciones de las agencias de evaluación, que sobre todo movilizan una complicada maquinaria de *rankings* para las publicaciones en revistas científicas, de tal manera que, finalmente, todo remite a un supuesto sistema de evaluación «doble ciego». Las luces de la Ilustración ya no rigen en la universidad. Ahora todo depende de la evaluación de unos pares ciegos que deciden encapuchados sin dar la cara, como verdugos de la Santa Inquisición. Este nuevo sistema ha medio funcionado a ratos, no hay por qué negarlo, pero se ha corrompido a una velocidad vertiginosa: pares ciegos que no lo son, revistas que cobran por publicar, *rankings* que cada vez se fían menos de las publicaciones y exigen que estas sean citadas en otras publicaciones (lo que ha generado todo tipo de prácticas mafiosas para citarse mutuamente y silenciar a los competidores), hasta llegar finalmente a exigir que las publicaciones, para ser tenidas en cuenta, hayan logrado atraer publicidad en el mercado. Al final, todo desemboca en el mercado, como los ríos en la mar. Y las normas tienen que cambiar todos los años, porque, hecha la ley, hecha la trampa. El sistema en general ha demostrado ser mucho más vulnerable que el anterior sistema de oposiciones, que, por supuesto, también lo era. No digamos ya el sistema de acceso a las plazas a través de comisiones que deciden a puerta cerrada haciendo piruetas con los baremos y las evaluaciones. El resultado ha sido una endogamia impactante, como no se veía desde los tiempos del franquismo. Pero de estos problemas relativos a la universidad, ya nos hemos explicado en otros sitios[8].

Resumo, para ir terminando, el hilo conductor de mis reflexiones. Durante cinco décadas, ya medio siglo, he asistido al intento de inventar algo mejor respecto a algo que ya estaba bien porque estaba bien pensado: el sistema de instrucción pública. Ha sido un empeño testarudo por ver problemas ahí donde lo que había eran soluciones, soluciones que podían ser muy mejoradas o perfeccionadas, desde luego, pero siempre a condición de que no se olvidara que eran soluciones y no problemas. Y lo peor es que, mientras tanto, con todo el revuelo y la confusión que se levantaba, se aprovechaba para ir demoliendo la infraestructura institucional y económica de la enseñanza pública, de tal modo que, como en una profecía autocumplida, iban surgiendo problemas donde antes existían soluciones. Cada gobierno traía su nueva ley de educación y cada nueva ley de educación traía las mismas promesas de una verdadera «revolución educativa» que siempre prometía «acabar con el aprendizaje memorístico» o con «las tarimas» (o alguna proeza de este tipo). Luego, las promesas se las llevaba el viento y lo que quedaban eran los recortes, en el presupuesto, en las plantillas, en las ratios, etc., el desprecio hacia la profesión de profesor y el deterioro creciente de sus condiciones laborales, cada vez más precarias e inestables.

---

[8] Además de los capítulos sobre universidad, ya citados, en *Escuela o barbarie*, cit., puede consultarse A. Navarra y D. Rabadà (eds.), *La educación cancelada*, Barcelona, Sloper, 2022.

En cambio, a ningún «experto en educación» se le pasaba por la cabeza ir a la raíz de los verdaderos problemas: la enseñanza concertada, por ejemplo, cuya sola existencia amenaza con convertir a la enseñanza pública en un gueto marginal y carcelario. Hay que estar ciego para no verlo así. No hay más que observar cómo, cada vez más, padres que son firmes partidarios de la enseñanza pública, incluso que son profesores de la enseñanza pública, toman la decisión de llevar a sus hijos a la enseñanza concertada, alegando que no tienen derecho a hacer experimentos heroicos con ellos, obligándoles a estudiar en la precariedad y el deterioro de las escuelas públicas. Quizás ayude a comprender el problema imaginar qué pasaría si se llevara a la práctica un experimento educativo que mi hermano Pedro Fernández Liria propuso ya hace más de veinte años en una carta a *El País*. Se trataba de una receta educativa que podría ser milagrosamente eficaz, pero que, aun sin poderse llevar a la práctica, resulta muy útil para diagnosticar el verdadero problema. Es fácil de resumir: dictar una ley que obligara a cualquier cargo público, empezando por el presidente del gobierno y terminando por el último concejal, a matricular a sus hijos e hijas en la escuela pública estatal, a ser posible en un centro elegido por sorteo dentro de un radio geográfico razonable. De este modo, cuando los hijos de los ministros se sentaran en las mismas clases que los del resto de los ciudadanos, experimentando todas la dificultades y problemáticas (a veces inabordables) que actualmente aquejan a la escuela pública, la clase política aprendería a respetar el sistema de instrucción pública y a dotarlo de los recursos adecuados. La calidad de la enseñanza subiría rápidamente en forma exponencial.

8. EL DELIRIO DE LA IZQUIERDA, ACOMPASADO CON EL NEOLIBERALISMO SALVAJE

Una cosa que puede parecer tangencial, pero que considero reseñable, es que todas estas supuestas «revoluciones educativas», además de los nefastos resultados ya señalados, nos han hecho pasar mucha vergüenza, propia y ajena. Las majaderías que una y otra vez hemos tenido que escuchar han sido demoledoras para el ánimo. Algunas da mucho pudor recordarlas[9]. Me limitaré a citar un caso significativo, porque abarca un arco de treinta años. Resulta que nada más y nada menos que el padre de la LOGSE socialista de 1990, Álvaro Marchesi, en una reciente entrevista (*El Mundo*, 1 de mayo de 2021)[10] en la que defendía la llamada (en esos días) «Ley Celaá», respondía así a una de las preguntas que le planteaban:

P.– Lo que plantea el currículo (de la Ley Celaá) es volver a la LOGSE, ¿no?

R.– Hay un hilo conductor, pero mejora la LOGSE porque lo centra en la capacidad de los alumnos para resolver problemas. De muchos contenidos superficiales se pasa a menos, pero más profundos. En vez de estudiar todos los ríos, es más importante saber para qué sirven.

A treinta años del famoso constructivismo de la LOGSE, los socialistas vuelven a la carga y llegan a la conclusión de que los niños, en lugar de aprenderse los ríos de España, lo que tienen que hacer es preguntarse «para qué sirven». Quizás me esté llegando el momento de jubilarme, pero a mí no se me ocurre ningún planteamiento más nihilista e impío y me asusta que haya a quien pueda parecerle normal decir o escuchar cosas así. Así pues, cuando un muchacho se sitúa frente a un río que circula serpenteando en un desfiladero, o yo qué sé, frente a un río inmenso como el Amazonas, o frente al Iguazú y sus cataratas, o sencillamente, frente al río de su pueblo, lo normal es que frunza el ceño y se pregunte ¿para qué coño servirá esto? Tampoco es que yo piense que tiene mucho interés eso de aprenderse de memoria todos los ríos de España con sus afluentes, desde luego.

---

[9] En el libro C. Fernández Liria, O. García Fernández y E. Galindo Fernández, *Escuela o barbarie*, cit., p. 295, citamos alguna muestra estremecedora.

[10] [https://www.elmundo.es/espana/2021/04/30/608c455521efa03428 8b4635.html].

Pero me asombra que en su lugar no haya ya nada que tenga que ver ni con la belleza ni con la verdad. Sería interesante, por ejemplo, preguntarse perplejo: ¿qué es un río? Y responder algo así como que es «el agua que sobra», como escuché una vez decir a un campesino muy sabio. O responder sin más que puede ser «algo muy bello», sobre todo si se logra que sus aguas no estén contaminadas. Pero Marchesi piensa, al parecer, que un niño que contempla un río y empieza a pensar en construir una presa y montar una hidroeléctrica es un niño que progresa adecuadamente. A mí me da mucho miedo pensar que, en su momento, la más grande mayoría parlamentaria que ha tenido este país pusiera el mundo de la enseñanza en manos de un hombre así[11].

El ministro del Partido Popular, José Ignacio Wert, no tenía seguramente una mentalidad muy distinta cuando decidió extirpar de la enseñanza secundaria y el bachillerato la filosofía, intentando sustituirla por una especie de «formación del espíritu empresarial» (algo que por cierto, también se recoge en la reciente nueva Ley, que ha suprimido la ética y ha creado la materia de «economía y emprendimiento»). En todo caso, hablando de la vergüenza que te hacen pasar estas cosas, uno no puede dejar de recordar un episodio espeluznante ocurrido cuando el primer Podemos todavía estaba a punto de llegar a ganar las elecciones y todo era entusiasmo, fiesta y alegría por el triunfo de una nueva izquierda prometedora. No puedo olvidar que en esos momentos en los que la fantasía empezaba ya a ver repartidos los ministerios, en seguida caló un consenso claro de que la educación tenía que quedar en manos, cómo no, de los «expertos en educación», es decir, de los pedagogos. Incluso hubo una de esas pedagogas que declaró en una entrevista que, a su entender, lo que más urgencia corría para remediar los males de la enseñanza era introducir una «pedagogía de la pedagogía». Así pues: cómo se enseña a enseñar cómo hay que enseñar a enseñar.

---

[11] En la misma entrevista se le pedía que inventase alguna medida concreta que pudiera ayudar a mejorar la enseñanza y se le ocurrió que «dar clases en el bosque». A mí me hicieron la misma pregunta y contesté que suprimir la enseñanza concertada. Me dijeron que no lo iban a publicar.

Como, en esos momentos, aún estaba yo muy ligado a Podemos, escribí un artículo muy alarmado, pero también comprendí que, en el futuro, íbamos a hacer mucho el ridículo. Me gustaría tan solo recordar aquí el enfoque político que intenté darle al problema, por si acaso era verdad que llegábamos a ocupar el ministerio de Educación. En todo caso, vi en seguida que la cosa no iba por ahí. Y de todos modos, tampoco pude durar mucho en Podemos[12], así es que asunto zanjado. Por mi parte, respecto a un posible programa de educación de Podemos, propuse una ecuación que me pareció comprensible y accesible para todos. Por aquel entonces se solía poner como ejemplo de modelo educativo a Finlandia, a raíz de los espléndidos resultados que había obtenido con el informe PISA. Así es que propuse que, sencillamente, intentáramos imitar lo que se hacía en Finlandia. ¿Hacían ahí mucha «pedagogía de la pedagogía»? Pues la verdad es que, mirando de cerca el panorama de la educación en Finlandia, la cosa no tenía nada que ver ni siquiera con la pedagogía a secas. Y tampoco con las habituales geniales ocurrencias de la progresía izquierdista.

En realidad, resultó chocante que los «expertos en educación», los tecnócratas y los pedagogos que por aquel entonces ponían mucho empeño en hablar del fracaso español en comparación con el éxito de Finlandia hablaran tan poco de en qué consistía ese éxito, al tiempo que diagnosticaban siempre el supuesto fracaso aludiendo a la falta de formación del profesorado. Da la impresión de que ninguno de estos señores se molestaron en viajar a Finlandia para desvelar el secreto sobre el terreno. De hecho, tuvimos que esperar, para enterarnos de algo, a un excelente programa de Jordi Évole en *Salvados* (3/2/2013) (otra notable excepción fue Ignacio Escolar, cfr., por ejemplo, su artículo «No es la ley educativa»[13]). Y la sorpresa fue mayúscula porque resultó que la clave del milagro no era otra que el modelo mismo que en España estaba

_____

[12] Mi ruptura con Pablo Iglesias y Podemos vino marcada por el siguiente artículo explicativo: [https://www.cuartopoder.es/ideas/2017/02/07/abrazos-pero-sin-mentiras/].

[13] [http://www.eldiario.es/escolar/PISA-educativa-desigualdad-economica-historia_6_203739629.html].

siendo atacado: la escuela pública-estatal. Merece la pena resumir lo que habría que hacer en nuestro país para imitar ese famoso modelo finlandés: 1) suprimir la escuela concertada en su totalidad; 2) suprimir la escuela privada hasta que sea un 2% del total; 3) que el Estado apoye con más recursos a todos los colegios e institutos que tengan descompensada la tasa de alumnos inmigrantes, sin recursos o marginales, etc.; 4) una media de 18 alumnos por aula; 5) dos profesores por aula cuando haya algún discapacitado o algún alumno con necesidades especiales; 6) todo gratis: tasas, libros, guardería, comedor (muy importante para combatir el absentismo escolar, porque, al parecer, en España, un gran porcentaje de niños que por falta de recursos van a comer a su casa, luego no pueden regresar por la tarde), etc.; 7) prestigio social blindado de los profesores (todo lo contrario de lo que existe en España, donde se han orquestado verdaderas campañas mediáticas para denigrarlos); 8) el asunto del asesoramiento pedagógico, en cambio, no parecía ser demasiado importante ; 9) que los más ricos, los más pobres, los inmigrantes, los hijos del ministro, etc., puedan caer aleatoriamente en la misma aula; 10) hasta tres años de baja por maternidad o paternidad, cobrando y conservando el puesto de trabajo (una buena idea para la tan reclamada «colaboración de los padres en la enseñanza», porque así enseñan a sus hijos a sentarse, a comer, etc.); 11) presupuesto blindado para la escuela pública, que sería el último ámbito en poder ser «recortado», gobierne quien gobierne (así era, al parecer, en 2013, aunque las últimas noticias que nos llegan de Finlandia no son alentadoras); 12) libertad de cátedra total del profesor: se confía en él o ella y no tiene que dar cuentas burocráticas ni pedagógicas; 13) televisión subtitulada (siempre en idioma original) (muy buena solución, por lo visto, a las encrucijadas del bilingüismo); 14) reducción hasta lo razonable de los deberes para casa en Primaria (una idea que, como se ve, tampoco es insólitamente revolucionaria, pues hasta el PSOE la aplicó en su primera legislatura); 15) reducción de contenidos y carga lectiva para los alumnos[14]; 16) aten-

---

[14] En los tiempos pre-LOGSE éramos muchos los profesores que insistíamos en que había una sobrecarga absurda de contenidos. Pero porque

ción muy especial a la enseñanza musical, la poesía o el teatro; 17) clara conciencia de que «todas las escuelas de Finlandia son iguales» independientemente del barrio o de la procedencia social (algo que solo puede lograr la enseñanza pública-estatal); 18) en Finlandia es (o al menos lo era entonces) ilegal abrir una escuela y cobrar matrícula (lo que significa que la enseñanza privada prácticamente no existe y que toda la población está igualmente interesada en que las escuelas estatales sean excelentes); 19) y, sobre todo, clara conciencia de que la enseñanza es un asunto estatal, no gubernamental. Nada de que los gobiernos cambien la ley de educación cada cuatro años[15].

Son noticias de hace diez años. Como ya hemos apuntado, parece que la cosa en Finlandia no va ya por estos derroteros. Pero Finlandia es lo de menos. Si no existiera, habría que inventarla. Porque de lo que se trata es de inventar o más bien de reconstruir o de fortalecer un verdadero sistema de instrucción pública. Ha sido muy triste contemplar que las legislaturas socialistas, desde los años ochenta, jamás se pusieron a ello, prefiriendo centrarse en el asunto de la formación del profesorado y el control de la emotividad del alumno. Finalmente, tenemos el resultado: se aspira a que los profesores dejen de ser profesores y se conviertan en *coaches*, en entrenadores emocionales para acostumbrar a la población a sobrevivir en la selva de un mercado laboral basura. Eso en el mejor de los casos, porque en los subur-

---

pensábamos que era mejor insistir en la comprensión de los conceptos básicos, puesto que, por ejemplo, es absurdo saber resolver derivadas sin haber comprendido bien el concepto de derivada. Ahora bien, a partir de la LOGSE se comenzó a insistir en algo parecido y fue peor el remedio que la enfermedad. Nosotros habíamos reclamado menos contenidos para dejar sitio a los conceptos y a la comprensión, es decir, a los contenidos más importantes. La LOGSE reclamó menos contenidos para dejar paso a las «metodologías del aprendizaje» y los «incentivos». Y al final, fueron los conceptos y la comprensión los que salieron perdiendo.

[15] En nuestro libro *Escuela o barbarie*, citábamos la propuesta que un profesor de secundaria, Jose Manuel Perujo, planteó de cara a que el programa de educación de Podemos se apartara del delirio pedagógico al que parecía abocado. Merece la pena comparar este programa que proponía, en suma, un profesor de secundaria, con el que ya estaban planteando los «expertos en educación» de esta formación política.

bios de la enseñanza pública se aspira cada vez más a convertir a los profesores en policías o trabajadores sociales.

Algo bastante parecido a lo que acabo de contar del primer Podemos ocurrió en el año 2023 con el grupo de educación de Sumar, cuando se intentó redactar un borrador para un posible programa de educación. Los autores de este libro, Javier Mestre y yo, pedimos que nos incorporaran al grupo de trabajo porque alguien dio la voz de alarma sobre lo que se estaba cocinando ahí. Una vez más, tal y como era de esperar, nos encontramos con una preocupante ausencia de profesores y un predominio de la pedagogía, esta vez acentuando la retórica izquierdista y buenrrollista. En efecto, como Sumar era un partido de izquierdas, se suponía que el programa de educación de Sumar tenía que promover una «escuela de izquierdas». Era casi una causa perdida intentar explicar que una «escuela de izquierdas» era lo contrario de lo que debe defender la izquierda. Lo que sí que es «de izquierdas» es defender la escuela pública, en sí misma. Sobre todo, porque desde la derecha se lleva décadas intentando machacarla, privatizarla y asfixiarla presupuestariamente. Y, sin embargo, la izquierda repite una y otra vez el mismo error. Se comienza por diagnosticar que la escuela está mal o que es incluso una mala idea que hay que sustituir por alguna ocurrencia mejor, haciendo de este modo el juego a los que quieren desprestigiarla desde la derecha (con la intención de favorecer a la enseñanza privada, que ofrecería supuestamente mejores o más eficientes resultados). Seguidamente, se proponen las mismas medidas habituales de siempre, últimamente ataviadas con la execrable jerga de las competencias, la formación a lo largo de toda la vida, la flexibilidad y la nueva cultura del aprendizaje (que pone «al alumno en el centro»), al margen de los contenidos de conocimiento, las lecciones magistrales y cualquier utilización de la memoria (y por supuesto, de lacras tales como la posibilidad de repetir curso o de poner exámenes). Todo esto se recubre con un mejunje ideológico supuestamente izquierdista o *progre*, apelando a que hay que despertar la conciencia ecológica de los alumnos y las alumnas, la integración y la tolerancia.

De este modo, se contribuye a difundir el mito ideológico más pernicioso, haciendo el juego a la campaña de desprestigio de la escuela pública orquestada desde la derecha: se hace responsable a la escuela de no ser capaz de solucionar todos los problemas sociales (desde el paro a la precariedad, desde la miseria a la marginación, pasando por la pornografía y el cambio climático) que la política y la economía no saben remediar. Se hace a la escuela responsable de no saber gestionar el desastre social de una sociedad desastrosa. En el límite, hay quien aboga hasta tal punto por una «escuela de izquierdas» que, en realidad, acaba defendiendo la escuela concertada, pensando en fabricar una escuela para sus hijos tan ideológicamente correcta como la orgullosa ideología de sus padres. Exactamente la misma abominación totalitaria que persiguen desde la derecha los que abogan por la enseñanza confesional y el pin parental, pero con signo izquierdista. Porque si unos padres de izquierdas pueden encerrar a sus hijos en una burbuja izquierdista de buen rollo ecologista, feminista y *woke*, no se ve por qué no van a tener derecho también a hacerlo los padres del OPUS a su manera.

Eso sin contar con algunas ocurrencias *progres* que, en realidad, intentan enmascarar algún que otro golpe de Estado académico por parte de las facultades de Ciencias de la Educación. Así, por ejemplo, no debe sorprender el hecho de que en el programa de educación de Sumar se intentara (algo que sin embargo logramos impedir a última hora) colar la idea de que los profesores de secundaria no tuvieran que cursar ninguna carrera específica, sino un grado de pedagogía. Pues, al fin y al cabo, se venía a decir, un profesor de secundaria no tiene que saber matemáticas o lingüística (esas cosas ya están en internet), sino aprender a que las aprendan sus alumnos. Ya no hacen falta profesores sino acompañantes pedagógicos. Así pues, lo imprescindible es pasar por la Facultad de Pedagogía. Verdaderamente esta gente tiene talento para los negocios. Pertenecen a una facultad en la que por definición no se sabe nada de nada ni se puede aprender nada en absoluto (a excepción de practicar esa jerga a la que ya hemos aludido, que en parte está tomada del mundo empresarial y en parte de la psicología más abyecta, empeñados en enseñar cómo se enseña lo que no se sabe, una verdadera causa perdida desde su mismo principio), pero en la que se ha aprendido muy bien a hacer chantaje al resto de la comunidad científica. Se han hecho con la llave de todo lo que tenga que ver con la enseñanza y cada vez tienen más poder para venderla muy cara.

Si semejante disparatado plan llegara a imponerse (algo que no es nada imposible, viendo lo influenciables que se han vuelto los ministros de educación en este sentido), habríamos rizado el rizo, de modo que, para explicar matemáticas en bachillerato o la ESO ya no haría falta saber matemáticas. Bastaría con haber cursado unos cursillos en el grado de Pedagogía para acompañar a los niños buscando tutoriales en YouTube. Es la única idea que puede resultar aún peor que el sueño de la derecha para generalizar la enseñanza privada.

Y no hablamos por hablar, guiados por ningún catastrofismo. Esa idea estuvo propuesta en el borrador del grupo de trabajo de Sumar Educación (fuimos nosotros los que exigimos que se quitara de ahí). Hablamos por experiencia, además. Pues la Facultad de Educación ya dio un golpe de Estado académico semejante en el año 2008[16], cuando una orden ministerial convirtió el Master de Formación del Profesorado (MFP) en requisito imprescindible para presentarse a las oposiciones de enseñanza secundaria. Era uno de los másteres propuestos por las facultades de Ciencias de la Educación. Pero lo que se pretendía era que viniera a sustituir al Certificado de Aptitud Pedagógica, el famoso CAP, es decir, que todo futuro profesor tuviera que cursarlo. El CAP era un inefable cursillo que jamás nadie se atrevió a evaluar, pues se sabía a priori que la opinión de sus egresados no podía ser peor. El 99% de los futuros profesores habría votado por que se suprimiera, dejando en todo caso la experiencia de las prácticas a pie de aula en los institutos, que era lo único que servía para algo (entre otras cosas porque de ellas se ocupan profesores, no pedagogos). Pero, entonces, en una fantástica pirueta, los pedagogos argumentaron que si el CAP funcionaba mal era precisamente

---

[16] [https://www.sinpermiso.info/textos/golpe-de-estado-en-la-academia].

porque era demasiado corto (dos meses), de modo que había que ampliarlo y convertirlo en un máster de uno o incluso, decían algunos, de dos años (multiplicando, además, su precio por diez). Y así nació el MFP, que, por cierto, tampoco resiste ninguna evaluación, hasta el punto de que se suele guardar un secreto sepulcral al respecto.

Por mi parte, publiqué un artículo titulado «Golpe de Estado en la academia» (*Público*, 31/3/2008) denunciando una obviedad: este máster de la Facultad de Pedagogía, impuesto por un «decretazo», suponía una competencia desleal frente a cualquier máster que pudieran proponer las carreras de corte teórico (Física, Matemáticas, Filosofía, Historia, Filología, etc.) que tienen como salida profesional mayoritaria las enseñanzas medias, pues los egresados se ven obligados a cursarlo (en lugar de otros más específicos) para no cerrarse la posibilidad de la principal salida profesional. Los pedagogos habían jugado bien sus cartas. La batalla que se desencadenó contra el MFP fue impresionante, por parte de profesores y estudiantes, convocándose paros, encierros, manifestaciones y debates públicos. Las autoridades académicas respondían siempre con evasivas y con los habituales tópicos manidos: no basta con saber, hay que saber enseñarlo, hay que cambiar la cultura del aprendizaje, etc. Todo menos lo más elemental: someter a evaluación el CAP y preguntar a sus egresados sobre la conveniencia de ampliarlo como máster. Los estudiantes de la Universidad Complutense de Madrid concertaron entonces un debate con el entonces presidente de la CRUE (Conferencia de Rectores de las Universidades Españolas), que era en esos momentos Ángel Gabilondo. Muy curtidos ya en la lucha contra el Plan Bolonia, escarmentados de que este tipo de debates se vieran interrumpidos por el horario de cierre de las facultades, exigieron al rector de la UCM que les habilitara una carpa al aire libre para discutir por tiempo indefinido. Fue una noche memorable, en la que, desde las siete de la tarde a las dos de la mañana, se argumentó contra el MFP, presentando un manifiesto que pedía su derogación. Yo mismo presenté al presidente de la CRUE un dossier con centenares de comentarios, algunos muy extensos y bien argumentados, que los profesores de secundaria habían añadido a mi artículo de *Público*, alertando sobre semejante atropello académico (un desesperado intento de suplir lo que las autoridades académicas se negaban a hacer: consultar a los interesados). El caso es que, finalmente, Ángel Gabilondo prometió llevar a la CRUE un manifiesto en contra del MFP y hacer lo posible por impedir su implantación. Pero no tuvo ocasión de cumplir con su palabra, porque muy poco después, precisamente, le nombraron ministro de Educación. Algunos profesores nos entrevistamos con él en su despacho. Ahora tenía la decisión en sus manos, puesto que el asunto del MFP no dependía más que de una «orden ministerial». Le recordamos su compromiso en el debate de la UCM, pero nos respondió, simplemente, que «no podía hacer ese feo a la ministra anterior». La ministra anterior era Mercedes Cabrera, una persona que conocía la enseñanza secundaria solo en tanto que alumna del Colegio Estudio, de venerable memoria, pero que, en verdad, no es más que un colegio privado de élite para pijos. Una persona que, seguramente pensaba, como tanta gente, que si este tipo de colegios funcionan bien es porque tienen métodos pedagógicos revolucionarios, y no porque tienen dinero y un alumnado de élite.

Y, así pues, el MFP se impuso como llave obligatoria para el acceso a las oposiciones de secundaria, premiando de este modo la incompetencia absoluta que los pedagogos habían ya demostrado con creces en el CAP. Tantos meses de protestas y de luchas dieron algún fruto menor, aunque importante: se logró instituir al MFP un precio límite más reducido y una participación de las facultades en la plantilla de profesores. En todo caso, tal y como era previsible, los másteres ofertados por las facultades se las ven y las desean para competir con este máster de Pedagogía obligado por decreto.

Pero lo peor es el perfil del profesor de secundaria al que se aspira. No ya un profesor que sepa filosofía, física o gramática, sino un asesor psicopedagógico de un material humano al que, en realidad, ya se da por perdido: el alumnado en general de toda la enseñanza pública. Es por ello que, llevados de esta misma lógica, algunas voces de la pedagogía y la sociología de la educación empiezan a lanzar su nueva idea: que los profesores de secundaria no hayan tenido que cursar ninguna otra carrera que la de Ciencias de la Educación. Es una nueva vuelta de tuerca del imperialismo pedagógico que, no contento con haber suplantado la voz del profesorado en todas las negociaciones políticas de las leyes de educación, se extiende y crece como un cáncer en el interior mismo de la comunidad científica.

Valgan estas dos referencias, a Podemos y Sumar, para mover a la reflexión sobre el ambiguo o disparatado papel que ha jugado la izquierda en materia de educación en estos últimos cincuenta años. A nuestro libro *Escuela o Barbarie* le pusimos un subtítulo que aludía al «delirio de la izquierda» en temas de educación. La cosa se remonta a la mentalidad sesentayochista que consideró la escuela como una institución disciplinaria, de vigilancia y castigo, llegando Althusser incluso a considerarla un «aparato ideológico de Estado»[17]. A partir de ahí, como venimos comentando, no ha dejado de clamarse por todas esas revoluciones educativas que siempre han levantado mucho revuelo para encubrir que lo que en el fondo se estaba jugando eran reconversiones económicas neoliberales, de tal modo que, en efecto, la profecía autocumplida se ha materializado en una escuela cada vez más parecida a una institución disciplinaria para la vigilancia y el castigo. La responsabilidad de la izquierda a este respecto ha sido gravísima. La izquierda tenía que haber hecho todo lo contrario: defender el sistema estatal de la enseñanza pública con uñas y dientes, considerándola en lo que es, una obra de la libertad en la que se materializa nada más y nada menos que el derecho del pueblo al conocimiento, es decir, a eso que, según dijo Aristóteles, es lo único que puede hacer que además de vivir nuestra vida, tengamos una vida buena, una vida que merezca la pena ser vivida, una vida digna. Para ello había que haber reconocido a las claras que lo que se quería defender ya estaba inventado y bien inventado. Y que, en gran medida, se trataba de conservarlo, de fortalecerlo y de perfeccionarlo, pero jamás de revolucionarlo.

---

[17] C. Fernández Liria, O. García Fernández y E. Galindo Fernández, *Escuela o barbarie*, cit., capítulo II.

Porque la «revolución» aquí caía más bien del lado del neoliberalismo y así había que haberlo denunciado. Ha sido el neoliberalismo el que ha llevado «la imaginación al poder», el que ha inventado mil maneras lúdicas, creativas, dinámicas y flexibles para destruir lo que queda de la enseñanza pública. En la propaganda que desplegaron las autoridades académicas para sacar adelante el Plan Bolonia que ha reconvertido la universidad pública, nos incitaron incluso a que en los departamentos aprendiéramos a darnos masajes en los pies para combatir el estrés, porque habían terminado ya esos tiempos en los que los campus universitarios eran un «lugar tranquilo» para la reflexión y el estudio. Se nos habló de instalar pequeños gimnasios y cocinas en las aulas, para que la enseñanza fuera más dinámica y dialogante, más de *coleugueo*, más parecida a un «entrenamiento» que a una biblioteca[18]. Al final, no tenemos ni cocinas, ni gimnasios ni fisioterapeutas para los masajes de los pies, pero las tasas se han disparado de precio y los cursos más asequibles del grado ya amenazan con reducirse a tres, como estaba previsto desde el principio.

9. La formación del profesorado

A lo largo de este medio siglo de vida ligado a la enseñanza, me he ganado cierta fama de antipedagogo, algo que quizás también se habrá notado en estas páginas. Para evitar malentendidos, me gustaría hacer aún una aclaración. No nos oponemos a la formación del profesorado. Todo lo contrario, parece una buena idea, siempre que no se pretenda tener grandes ocurrencias, que es precisamente lo que suele suceder con los pedagogos. La clave del asunto ya la inventó, aquí también, Aristóteles hace mu-

---

[18] Cfr. M. Valcárcel, «La preparación del profesorado para el Espacio Europeo de Educación Superior», 2004 [http://campus.usal.es/~ofeees/ESTUDIOS_INFORMES_GRALES/informe_final.pdf]. Hicimos algún comentario de este documento en Carlos Fernández Liria y Clara García Serrano, *El Plan Bolonia*, Madrid, La Catarata, 2008.

cho tiempo. La mayor felicidad que puede conocer un ser humano, nos dijo, es ver al alumno enseñando. Es un milagro insólito que a veces acontece con inesperada perfección: alumnos que acaban enseñándote. A mí al menos, me ha ocurrido no pocas veces, por lo que, en efecto, puedo considerarme muy feliz desde el punto de vista aristotélico. De nuevo, estamos aquí detenidos frente a una evidencia: los alumnos forman al profesor y lo forman «a lo largo de toda la vida», tal y como reza el famoso mantra pedagógico (empresarial) de moda.

Como en estas páginas he adoptado desde el principio un cierto tono autobiográfico, intentaré ilustrar lo que estoy diciendo con una anécdota de mi biografía docente. En el curso 1984/1985, yo estaba destinado a un instituto de un pueblo de Segovia. La asignatura de lo que hoy sería primero de bachillerato la dedicaba a explicar a Marx y a Freud, así es que los primeros meses explicaba la teoría del valor, siguiendo *El Capital*. Eran tiempos en los que existía, como se entenderá, la libertad de cátedra, tiempos menos infantilizados en los que ni siquiera se nos habría pasado por la cabeza explicar un programa común y al mismo ritmo con el resto de los profesores del departamento, y en los no habríamos admitido jamás la menor intromisión pedagógica en nuestra forma de concebir y de impartir las asignaturas. Eso no me impedía en absoluto, siguiendo el hilo conductor de un comentario de Marx o de Freud, cumplir a mi manera con los distintos apartados del programa fijado por la ley, pero sí que habría sido disparatado, por ejemplo, intentar acompasar mis exámenes con los de otros profesores (¡he visto que ahora se llegan a hacer incluso exámenes comunes para los distintos profesores del departamento! Habría sido divertido intentarlo en mi época, habida cuenta de que explicábamos cosas completamente distintas).

Pues bien, intentar explicar un filósofo a alumnos de quince o dieciséis años, asumiendo el reto de hacerte entender sin simplificar tanto que acabe siendo una estafa o una falsedad, es una experiencia de lo más formativa. Sobre todo, porque te arranca de un plumazo toda la pedantería universitaria que durante la carrera te ha servido de refugio. Hablas de Freud y ellos oyen ese nombre por primera vez. Comprobé que algunos escribían Floyd en sus apuntes, como el nombre de una espuma de afeitar que había entonces.

Estamos aquí en una situación opuesta a la habitual en los grados y sobre todo en los másteres, donde todo el mundo presupone que todo el mundo sabe de qué se está hablando. Aquí hay que partir de cero, de una verdadera tabula rasa, lo que, desde luego, podría ser considerado como una situación ideal desde una perspectiva socrática. Se trata, en todo caso, de una disciplina por la que creo que todo profesor debería pasar alguna vez. De hecho, esta sería, en efecto, una buena idea para la «formación del profesorado universitario»: obligarles a pasar unos años en la enseñanza secundaria. Esto les ahorraría mucha pedantería en el futuro y les volvería más honrados y sinceros a la hora de explicar.

En las primeras clases que impartí sobre Marx en aquel pueblo de Segovia, hubo un alumno que levantó la mano y me dijo que no estaba de acuerdo con la definición del valor como «cantidad de trabajo cristalizada en una mercancía». Cuando esto te lo dice un alumno de catorce años no sirve de mucho remitirle a la cita del Libro I de *El Capital*, no tienes más remedio que pedirle que se explique. Me dijo que en la productividad del trabajo había que incluir también la productividad de la maquinaria. Contesté que podía hacerlo él por su cuenta y comprobar qué le salía. Para mi sorpresa, me respondió que ya lo había hecho y que lo tenía ahí apuntado. Salió a la pizarra y dos horas después, cuando ya no quedaba nadie en el instituto, seguía allí tirando del hilo de su hipótesis. Mientras tanto, yo sentía una cierta vergüenza. En verdad, yo había pasado por experto en la lectura de *El Capital* durante todos mis estudios en la carrera de Filosofía. Podría haber respondido satisfactoriamente a cualquier profesor universitario que me hubiera preguntado en una conferencia. Habría bastado con remitirle a un texto del capítulo VI inédito, o un estudio sobre el Libro III y todo el mundo se habría dado por respondido. Pero a un alumno de quince años no le valen esos trucos. Había que convencerle. Y descubrí que no era capaz de convencerle.

En verdad, ese alumno había tocado el trasfondo del problema de la transformación entre valores y precios, entre el Libro I y el Libro III de *El Capital*. Yo tenía mi propia opinión formada al respecto, pero en esa ocasión fue la primera vez que descubrí que el problema radicaba en entender la propia definición de valor como «cantidad de trabajo». Me enfrenté ahí a un avispero que volvió a repetirse cuando muchos años después, otro alumno, esta vez universitario, me hizo una objeción parecida, que incidía exactamente en el mismo punto del problema. Estaba yo en esos momentos a punto de publicar una «Introducción a la lectura de *El Capital*», cuando de nuevo un alumno me dejó paralizado. Discutí el asunto con él, con Luis Alegre Zahonero, a lo largo de diez años y acabamos publicando juntos *El orden de El capital*[19], un voluminoso libro en el que, por fin, no tuve más remedio que darle la razón. Se cerraban así treinta años de mi formación como profesor. Ahora asisto a sus clases siempre que puedo, observando entre intrigado, angustiado y feliz su evolución intelectual que, de alguna manera, es también la mía.

He puesto este ejemplo, pero podría poner no pocos más. La formación del profesorado no es un misterio y dura, en efecto, toda la vida. Se vertebra en torno a dos ejes, a dos posibilidades que están a la mano sin hacer demasiados aspavientos institucionales. El primero de ellos es que los profesores siempre deberían impartir docencia en la enseñanza secundaria y el bachillerato antes de convertirse en profesores universitarios. Es la mejor manera de formarles para impedir que se conviertan en unos pedantes nihilistas o en unos eruditos sin sustancia. Los alumnos adolescentes son muy formativos para el profesor porque les obligan a pensar desde cero, es decir, a pensar en los problemas más profundos, ahí donde no valen los subterfugios de la erudición y la pedantería. Este eje diacrónico puede complementarse con otro sincrónico. Podría obligarse a los profesores a asistir con provecho, cada año, a las clases de alguno de sus colegas, para aprender nuevos contenidos y experimentar nuevas meto-

---

[19] Luis Alegre Zahonero y Carlos Fernández Liria, *El orden de «El capital». Por qué seguir leyendo a Marx*, Madrid, Akal, 2010.

dologías docentes. Como se ve, una vez más, la pólvora ya está inventada y no es difícil acceder a ella. Solo habría que poner manos a la obra, a coste cero y sin implementar ninguna revolución educativa.

En realidad, a coste cero no, porque para que este tipo de prácticas pedagógicas funcionen hace falta instituir en el mundo de la enseñanza un horizonte de tranquilidad y tiempo libre. Y esa tranquilidad, ese «ocio» (Skholè, σχολή) que define etimológicamente a la «escuela», hace mucho que ha sido asfixiado económicamente y disciplinado y vigilado por burócratas y pedagogos. Que no hay «escuela» sin «tiempo libre», sin «ocio», es otra de las obviedades, quizá la más importante, que la filosofía tiene que venir a recordarnos cuando pensamos en reformar el mundo de la enseñanza. Entre otras cosas, porque del ocio nació, precisamente, la filosofía, el amor al saber. Es por lo que el más importante de los problemas a los que nos enfrentamos los profesores de filosofía no es solo a que nuestras asignaturas hayan ido progresivamente desapareciendo o ninguneándose, sino a algo mucho más grave y profundo: lo que está a punto de desaparecer es lo que debe ser una escuela desde el punto de vista de la filosofía. Su definición misma, su esencia, que es inevitablemente filosófica.

El ocio, el tiempo libre, es la esencia de la escuela. Por eso, defender la escuela siempre será defender la república, la posibilidad de una sociedad con tiempo libre. Algo que, por cierto, cada vez nos queda más lejos, según se aceleran los tiempos turbocapitalistas. Frente al espectáculo dantesco de nuestras vertiginosas sociedades, la escuela tiene que ser el testigo más precioso de que es posible la tranquilidad republicana. Esa tranquilidad en la que el ser humano está destinado al cultivo de bienes que se persiguen por sí mismos, como ocurre con todo lo que tiene que ver con la verdad, la justicia o la belleza, es decir, con eso a lo que llamamos «razón». Decía Voltaire que la «razón» era «aquello en lo que los seres humanos están de acuerdo cuando están tranquilos». Por eso es tan necesario que reservemos a la escuela un espacio apartado del ruido de la ciudad y de las imperiosas demandas del mercado, para que los ciudadanos tengan ya desde niños la experiencia de que en esta vida hay cosas más venerables que la simple lucha por la supervivencia en un medio hostil y de que la incansable tarea de sobrevivir no debe impedirnos la de intentar vivir con dignidad. De ello depende su formación como ciudadanos, mucho más urgente e imprescindible que su formación en tanto que trabajadores, emprendedores o clientes. De ello depende también el tipo de sociedad que proyectamos crear.

Índice